AGRICULTURE FRANÇAISE.

DÉPARTEMENT DE L'AUDE.

AGRICULTURE
FRANÇAISE,

AR MM. LES INSPECTEURS DE L'AGRICULTURE.

PUBLIÉ

D'APRÈS LES ORDRES DE M. LE MINISTRE

DE L'AGRICULTURE ET DU COMMERCE

DÉPARTEMENT DE L'AUDE

PARIS.
IMPRIMERIE ROYALE.

—

M DCCC XLVII.

Les chiffres entre parenthèses indiquent l'élévation
en dessus du niveau de la mer

HAUTE GARONNE

TARN

ARIÈGE

HÉRAULT

GOLFE DU LION

PYRÉNÉES ORIENTALES

Carte

DU DÉPARTEMENT

DE L'AUDE

EXTRAITE

de la grande Carte Géologique de France

de MM. Dufrénoy, & Élie de Beaumont

POUR SERVIR

A LA DESCRIPTION DE L'AGRICULTURE FRANÇAISE

publiée par ordre

de Mr le Ministre de l'Agriculture & du Commerce

1847

SIGNES CONVENTIONNELS

Rivière
Canal de navigation
Route
Limite de département
H. Houille
L. Lignite
P. Plomb
C. Cuivre

M¹ Antimoine
M. Manganèse
Source salée
Mine de fer
Minerai de fer
H⁴ Haut fourneau
U⁴ Usine à fer
F⁴ Forge à la catalane

PRÉFACE.

Cet ouvrage a pour but de faire connaître, d'une manière générale, les principales conditions de l'agriculture dans le département de l'Aude.

Partisan du progrès, mais, avant tout, observateur impartial, nous nous sommes efforcé de bien relever les faits, afin d'asseoir nos études sur une base certaine, et d'en faire le point de départ de nos réflexions, chaque fois que la rencontre d'un usage arriéré ou d'un procédé de culture défectueux pouvait donner prise à la critique.

L'analogie marquée qui existe, sur beaucoup d'endroits, entre certaines pratiques agricoles en vigueur dans le Tarn et celles adoptées dans l'Aude, nous ont permis d'élaguer de notre récit un grand nombre de détails déjà consignés dans le

travail sur le Tarn; c'était un moyen d'éviter une
foule de redites inutiles pour tracer la physiono-
mie générale du pays; on ne nous reprochera pas,
nous l'espérons du moins, une sobriété scrupuleuse,
que tout auteur doit charitablement à son lecteur.

Cet ouvrage se divise en trois parties :

La première est consacrée aux notions générales
sur le département. On y indique encore les différentes natures du sol livré à la culture, les modes
variés d'exploitation, les instruments aratoires, les
engrais, les amendements et les assolements le
plus généralement usités dans chaque circonscription.

La culture des plantes est renfermée dans la
seconde partie.

La troisième est réservée au bétail.

Les nombreux renseignements que nous avons
recueillis en visitant le département de l'Aude,
nous ont singulièrement aidé dans l'accomplisse-
ment de notre mission. La reconnaissance nous
fait un devoir de citer les personnes qui ont bien
voulu nous aider de leurs conseils et de leur expérience.

De ce nombre sont, dans l'arrondissement de Castelnaudary :

MM. Charles Marquié.

Faure,

Rodières,

Rougé,

Masson,

De Cahuzac.

Dans l'arrondissement de Carcassonne :

MM. Charles de Moux,

Rolland, de Blomac,

Boyé,

Théodore Denille,

Dupré.

Dans l'arrondissement de Limoux :

MM. Gazelle,

Marty,

Fons de Niort.

Dans l'arrondissement de Narbonne :

MM. Tapié-Mengaud,

Jules Delmas,

Delort-Mialhes,

Tournal,

MM. Grulet,

    Riol,

    De Ginestous,

    Et Caune.

Nous sommes heureux de leur exprimer ici notre profonde gratitude.

Paris, le 19 mars 1847.

AGRICULTURE

DU

DÉPARTEMENT DE L'AUDE.

———◦———

PREMIÈRE PARTIE.

TOPOGRAPHIE, CLIMAT.

Le département de l'Aude est formé d'une partie de l'ancienne province du Languedoc; il emprunte son nom à la rivière d'Aude, qui prend sa source dans les Pyrénées-Orientales, non loin de Montlouis, traverse les arrondissements de Limoux, de Carcassonne et de Narbonne, et se jette dans la Méditerranée. Ce département s'étend depuis le 43° 29′ 8″ de latitude, jusqu'au 42° 38′ 18″. Sa plus grande longueur est de 12 myriamètres; sa plus grande largeur, de 8 myriamètres

5ooo mètres environ. Ses limites sont :
au nord, le département du Tarn; au sud,
les Pyrénées-Orientales; à l'est, la Méditerranée et le département de l'Hérault; à
l'ouest, les départements de l'Ariége et de
la Haute-Garonne.

Administrativement, le département de
l'Aude se divise en quatre arrondissements,
savoir : l'arrondissement de Castelnaudary,
celui de Limoux, celui de Carcassonne et
l'arrondissement de Narbonne. Sa superficie
totale est de 63o,546 hectares; il compte
284,285 habitants, répartis ainsi qu'il suit :

Castelnaudary........	54,336
Carcassonne.........	94,428
Limoux............	75,674
Narbonne..........	59,847

Le département de l'Aude peut être considéré comme un pays montueux traversé

par une grande vallée qui s'étend de l'est à
l'ouest, et par plusieurs vallées secondaires,
parallèles aux Pyrénées et à la montagne
Noire. Les deux tiers du département appartiennent au versant nord des Pyrénées; le
reste se rattache au versant sud de la montagne Noire, dont le point le plus élevé est
le pic de Norre, à 1164 mètres au-dessus du
niveau de la mer. A l'est de Narbonne, s'é-
tend une chaîne de montagnes calcaires dé-
signées sous le nom de la Clape, et séparées des autres montagnes du département
par une plaine formée par les atterrissements
de l'Aude.

Les Corbières, rameau détaché de la grande
chaîne des Pyrénées, suivent une direction op-
posée au tronc dont elles dérivent; elles cou-
rent du sud-ouest au nord-est, et séparent,
vers le sud, le département de l'Aude du département des Pyrénées-Orientales. La por-

tion de montagne qu'on nomme les *Basses-Corbières* s'abaisse et vient expirer dans le vallon qui forme le bassin de l'Aude, à la chaîne appelée montagne d'Alaric, au sud-est de Carcassonne; les *Hautes-Corbières,* en s'étendant du côté de l'est, se rapprochent de la mer. Les Corbières occupent, dans le département, une surface de 1600 à 1700 kilomètres carrés; elles ne renferment que de petits vallons terminés, à peu de distance de leur origine, par des éminences d'où les eaux se précipitent dans des gorges étroites et profondes.

Les côtes maritimes du département de l'Aude s'étendent à l'est, le long de la Méditerranée, depuis l'étang de Leucate jusqu'à l'embouchure de l'Aude; elles offrent plusieurs lagunes et étangs, dont les principaux sont les étangs de Bages, de Gruissan et de la Palme.

Comme tous les pays dont le sol est fortement accidenté, le département de l'Aude
renferme des climats très-variés. L'arrondissement de Narbonne en entier, et une partie
de ceux de Limoux et de Carcassonne, appartiennent au climat de l'olivier. Bien des
localités de l'arrondissement de Narbonne
ont un climat sensiblement plus chaud que
celui de cette ville et de la plaine qui l'en-
toure ; c'est, néanmoins, dans un vallon dépendant du canton de Tuchan que se trouve
le point le plus chaud du département. Le
climat de Castelnaudary, bien plus froid que
celui de Narbonne, est à peu près celui des
plaines du Tarn et de la Haute-Garonne. La
température de la plaine de Carcassonne est
intermédiaire entre celle de Castelnaudary
et de Narbonne. En remontant l'Aude, vers
Limoux et Quillan, on s'enfonce dans les
montagnes ; le climat devient peu chaud,
quoique la pente de la vallée soit considé-

rable, et qu'on se rapproche des sommités et des plateaux glacés de Belcaire et de Roquefort, souvent couverts d'une immense quantité de neige. Ainsi, à Quillan, à une élévation déjà considérable, la culture de l'olivier donne des produits avantageux. A l'exception de la partie de l'arrondissement de Narbonne exposée aux débordements de l'Aude, le grand fléau de l'agriculture, dans cette portion du département, c'est la sécheresse; la beauté des récoltes est presque toujours subordonnée à la fréquence des pluies. Rien de plus irrégulier que leur distribution. Quoique les derniers mois de l'année, de septembre à décembre, soient souvent l'époque des plus grands orages, des pluies les plus violentes, il arrive, parfois, que ces mois s'écoulent sans une seule goutte de pluie. Les orages d'été, assez fréquents à l'ouest et dans les hautes montagnes du département, sont rares dans l'arrondissement de Nar-

bonne, ou se résolvent, le plus ordinairement, en pluies insignifiantes. Les orages
d'hiver, fort rares, au contraire, dans les
plaines de l'ouest, amènent, parfois, de très-
grandes pluies dans les montagnes et dans
l'arrondissement de Narbonne.

On se souvient de l'orage du 6 janvier 1826,
pendant lequel le tonnerre tomba trois fois
sur Narbonne. Les orages d'automne sont les
plus violents. On se rappellera longtemps
celui du 2 octobre 1839, qui fit de grands
ravages dans toutes les montagnes de l'arrondissement, et ceux de septembre 1843, plus
funestes encore sur quelques points. C'est
par l'abondance excessive de la pluie que
ces orages sont redoutables; la grêle les ac-
compagne rarement. L'ouest du département
est plus exposé à ce dernier fléau.

Dans l'arrondissement de Castelnaudary,

le printemps est ordinairement pluvieux, les
gelées tardives, d'avril et de mai, causent,
parfois, un très-grand préjudice aux récoltes.
L'été est généralement sec et chaud; septembre et octobre favorisent ordinairement
les travaux du cultivateur. La neige tient rarement dans la plaine, le vent la balaye. Les
brouillards, très-fréquents le long des cours
d'eau, sont redoutés dans les bas-fonds.

Les rosées, véritable bienfait dans le Narbonnais, sont regardées, par la plupart des cultivateurs des autres arrondissements, comme la
cause la plus ordinaire de l'avortement des
grains et de leur racornissement, quand elles
sont immédiatement suivies d'un soleil très-
chaud, agissant sans obstacle dans un air calme;
mais c'est là, suivant nous, un préjugé qui
s'est transmis traditionnellement, sans que
personne l'ait appuyé d'aucune observation
précise. Ce qui a lieu dans l'arrondissement

de Narbonne, où les rosées, aussi abondantes que fréquentes, et presque toujours suivies d'un soleil très-vif par un temps calme, n'empêchent pas les récoltes d'être ordinairement fort belles, nous semble la meilleure réfutation de l'opinion généralement admise dans l'Aude, sur les fâcheux effets de la rosée. Malgré la sécheresse habituelle du sol à Narbonne, et malgré la rareté des pluies, l'air est presque toujours humide dans cette partie du département, par suite du voisinage de la mer ; il en résulte, parfois, que la végétation souffre moins dans les étés secs, qu'à Carcassonne et surtout que dans l'arrondissement de Castelnaudary.

Le vent du sud-est, le terrible vent d'*autan*, si justement redouté à Castelnaudary et dans tout le haut Languedoc, où il égrène les moissons, n'est à Narbonne, à cette époque de l'année, qu'une bise rafraîchissante. Ce n'est que lorsque les vents marins persistent pendant la nuit et charrient des nuages, que le haut Languedoc souffre des ravages de l'autan : la température est alors plus élevée à Castelnaudary qu'à Narbonne. Mais cet état de choses ne se reproduit pas fréquemment en été. En hiver, la température est toujours plus élevée à Narbonne que dans l'arrondissement de Castelnaudary, quel que soit le vent qui souffle. Le sud-est n'amène jamais la pluie en été ; en hiver ou à l'automne, au contraire, il détermine quelquefois de grandes pluies et de violents orages accompagnés d'un vent furieux. Les vents d'ouest, connus à Narbonne sous le nom de *cers*, sont très-violents, mais ils ne soufflent guère en été, dans cette partie du département, que lorsque des pluies continuelles désolent le haut Languedoc. Les rares orages qui éclatent en été sur le Narbonnais viennent toujours de l'ouest et sont parfois accompagnés de véritables ouragans, dont les ravages s'exercent dans des localités très-circonscrites ; en hiver, les mêmes vents d'ouest fatiguent par leur violence et leur continuité, mais ils ne donnent que peu ou point de pluie.

RIVIÈRES ET COURS D'EAU [1].

Le département est arrosé par la rivière de l'Aude et par un grand nombre de rivières moins importantes, parmi lesquelles il faut citer le Rébenti, le Fresquel, l'Orbieu, la Cesse, qui débouchent dans l'Aude, et la Berre, qui se jette dans l'étang de Sigean, près du port de la Nouvelle. Il est, de plus, traversé, dans sa plus grande longueur, par le canal du Midi, dont une branche forme celui de Narbonne, qui aboutit au port de la Nouvelle.

[1] Baron Trouvé, *Description générale et statistique du département de l'Aude.*

L'Aude prend sa source au pied du pic de Carlitte près Mont-Louis, dans les Pyrénées-Orientales. En entrant dans le département, elle suit des détours multipliés. Après avoir reçu les eaux du Rébenti, elle coupe à peu près à angle droit les bancs verticaux qui forment le prolongement de la principale crête des Corbières. Ces bancs, s'inclinant successivement davantage vers le nord, forment le bassin de Quillan, où le cours de l'Aude est plus facile et moins rapide. Mais de nouveaux obstacles rétrécissent son lit à Couiza et surtout à Alet.

Au nord du détroit d'Alet, le lit de l'Aude s'élargit et, de là, jusqu'à Carcassonne, cette rivière s'accroît progressivement du produit des eaux que lui fournissent un assez grand nombre de ruisseaux, descendant, d'une part, du chaînon de communication des Pyrénées à la montagne Noire, et, d'autre part, des montagnes de la rive droite, qu'on peut considérer comme des appendices des Corbières.

Depuis son entrée dans le département, le lit de l'Aude est chargé de blocs détachés des montagnes supérieures ; depuis Limoux, il est couvert par des atterrissements sablonneux, qui augmentent beaucoup sa largeur, et au milieu desquels l'Aude suit un cours incertain, se détournant d'une rive à l'autre, suivant l'impulsion que lui impriment les pluies d'orage, et rongeant lentement l'un et l'autre bord ; ainsi, l'on voit cette rivière qui, à peu de distance, a coupé des montagnes, s'embarrasser dans les dépôts mobiles qu'elle accumule journellement, et tendre sans cesse à combler le lit qu'elle s'est primitivement creusé.

Jusqu'à Carcassonne, l'Aude a suivi la direction du sud au nord ; elle décrit alors à peu près un angle droit, pour entrer dans le

bassin résultant de la réunion du revers méridional de la montagne Noire aux pentes op-
posées.

C'est vers ce point qu'elle reçoit le Fresquel, qui, de l'extrémité occidentale de la
montagne Noire, descend dans la vallée. A
Trèbes, à peu de distance de l'embouchure
du Fresquel, l'Aude reçoit l'Orbiel, cours
d'eau de peu d'étendue, mais très-rapide.

De Trèbes jusqu'à Homps, l'Aude décrit
une courbe, laissant au nord le groupe de
monticules qui entourent le bassin de Marseillette; son cours est encore resserré par des
coteaux très-rapprochés jusqu'à Sérame, où
elle commence à entrer dans des plaines plus
vastes. Ces plaines, et notamment celle de
Coursan, sont couvertes par les atterrissements que l'Aude y a formés, et qui s'ac-
croissent à chaque débordement. Parvenue à

ce point, l'Aude est moins rapide. Ses détours résultent de l'accumulation du sable
qui fait varier la surface de son lit et l'a
forcée de multiplier ses embouchures. Au
milieu de ces plaines arrosées par l'Aude,
la Cesse et l'Orbieu viennent se réunir ; l'une
descend de la montagne Noire, l'autre des
Corbières.

Les eaux qui descendent de la montagne
Noire ont leur cours d'autant plus rapide et
moins étendu, que les sources sont plus près
de la pente centrale et dominante de cette
montagne. La rivière de Fresquel et celle de
Tréboul ont leur cours à peu près parallèle à
la direction de la vallée; viennent ensuite le
Lampi et les ruisseaux affluents, dont le cours
oblique commence à se rapprocher de la per-
pendiculaire; la Bernassonne, la Rougeanne
et l'Orbiel, qui ont le moins d'étendue dans
leur cours, se réunissent à la rivière d'Aude

perpendiculairement à sa direction et à celle de la vallée.

Les cours d'eau dans les Corbières présentent des effets analogues à ceux qu'on remarque dans les cours d'eau de la montagne Noire ; mais, en raison de leur plus grande étendue et des obstacles plus multipliés qui s'y rencontrent, les eaux y sont beaucoup plus tourmentées.

L'Orbieu, la principale rivière des Corbières, prend sa source sur une des sommités du chaînon qui se détache obliquement de la chaîne de ces montagnes, et dont le mont Tauch et le pic de Bugarach sont les points extrêmes. Sa direction du sud-ouest au nord-est présente des gorges étroites, souvent très-escarpées ; les ruisseaux qui y affluent en grand nombre, ne sont, pour la plupart, que des torrents à sec pendant la majeure partie de l'année.

A Fabrezan, l'Orbieu entre dans un bassin ouvert où son cours est moins violent et réunit la plupart des eaux des Corbières.

De l'autre côté de l'Aude, la rivière de Cesse y arrive près de Truilhas; elle arrose le bassin de Ginestas et de Mirepeisset.

Les plaines que parcourt l'Aude, ainsi accrue de la Cesse et de l'Orbieu, deviennent plus étendues. La plaine de Narbonne, dont la surface est de plus de 4 myriamètres carrés, doit sa formation au limon que l'Aude y dépose plusieurs fois chaque année. Un peu au-dessous de l'endroit où le canal du Midi se joint à l'Aude, cette rivière se partage en deux branches; l'une, sous le nom de Robine, traverse Narbonne, y forme un port et va se jeter dans l'étang de Bages; l'autre branche poursuit son cours à travers la plaine de Coursan; elle s'y divise en plusieurs canaux,

qui permettent d'irriguer les terrains adja-
·cents; peu après, l'Aude se dirige du côté du
village de Fleury et se jette dans la mer par
le Grau de Vendres.

Le cours de l'Aude est de 205,000 mètres,
dont 23,000 hors du département.

Ses affluents dans le département, sont :

A sa droite.	Longueur de leur cours.
La Guette.	12,000 mètres.
La Valette.	15,000
Le Couleurs.	7,000
La Sals.	20,000
La Valette-d'Alet.	8,000
Le ruisseau de Saint-Polycarpe. .	11,000
Lanquet.	27,000
Le Moulin.	7,000
Le ruisseau de Basalac.	2,000
Le Merdaux.	7,000
La Bretonne	14,000
Le Rieugras.	6,000

A sa droite.   Longueur de leur cours.

Lazagal.	7,000
La Jourre d'Escales.	9,000
La Jourre de Lézignan.	20,000
L'Orbieu.	71,000

A sa gauche.   Longueur de leur cours.

Le Rébenti.	29,000	mètres.
Le ruisseau de Fa.	12,000	
La Corneilla.	18,000	
La Lagagnoux.	10,000	
Le Cougain.	13,000	
Le Sou.	23,000	
Le Fresquel.	66,000	
Le Trapel.	16,000	
L'Orbiel	32,000	
L'Argentdouble.	30,000	
L'Ognon	9,000	
Le Repudre.	10,000	
La Cesse.	14,000	
Ricaudier.	15,000	

ROUTES.

Le département de l'Aude compte cinq routes royales et dix-huit routes départementales :

ROUTES ROYALES.

N° 9 passant par Narbonne, Sigean et Fitou;

N° 113 passant par Narbonne, Lésignan, Carcassonne, Alzonne, Castelnaudary :

N° 117 passant par Quillan et Loustalneau;

N° 118 passant par Cuxac, Carcassonne, Limoux, Alet, Quillan, Loustalneau, Rodome;

N° 119 passant par Carcassonne, Montréal, Fanjeaux.

ROUTES DÉPARTEMENTALES.

N° 9 embranchement de la route n° 9, par Villeneuve-lez-Montréal;

N° 8 *bis* de Carcassonne à Saint-Pons;

Nᵒ 22 de Quillan à Belcaire;

Nᵒ 23 de la Grasse au col de Villerouge;

Nᵒ   6 de Castelnaudary à Mirepoix;

Nᵒ   7 de Narbonne à Saint-Pons;

Nᵒ   8 de Carcassonne à Saint-Pons;

Nᵒ   9 de Castelnaudary à Limoux;

Nᵒ 10 de Limoux à Foix et à Ax;

Nᵒ 11 de Narbonne à Caune;

Nᵒ 12 de Narbonne à Chalabre;

Nᵒ 13 de Narbonne à Saint-Chinian.

Nᵒ 15 de Mirepoix à Villefranche de Laura-
        guais;

Nᵒ 16 de Mirepoix à Quillan;

Nᵒ 17 de Quillan à Rochefort.

Nᵒ 18 de Carcassonne au Razès;

Nᵒ 19 de Castelnaudary à Pamiers;

Nᵒ 20 de Limoux à Mirepoix.

SOL.

Étudié au point de vue de la géologie, le sol du département de l'Aude comprend plusieurs sortes de terrains bien tranchés.

Le terrain crétacé supérieur commence près de Limoux et se prolonge au delà de Fabrezan, non loin de Narbonne; la Grasse s'y trouve compris. Montolieu, dans la montagne Noire, en fait aussi partie.

Le terrain crétacé inférieur renferme Quillan, Ornaisons, Saint-André, Bizanet, Donos, Bugarach, etc.

Dans les terrains tertiaires moyens il faut ranger Peyriac - Minervois , Saint - Hilaire , Trèbes, Conques, Lézignan, Alzonne, Castelnaudary, Saint-Papoul.

La Prade, les Martis, Saissac, Saint-Denis, Cuxac, Mas-Cabadès se rapportent aux terrains cristallisés.

Pexiora et Villepinte sont assis au milieu des alluvions.

Une partie des Corbières représente les terrains de transition; Alet, Lanet, Montoumet, Villeneuve, etc. sont rangés dans cette catégorie.

Quelques exemples de terrains jurassiques se voient près de Narbonne, Bages, Portel, Sigean et Tuchan.

Enfin, dans les dépôts postérieurs aux dernières dislocations du sol, il convient de placer Carcassonne, Marseillette, Ginestas, Coursan, etc.

Envisagé dans ses rapports avec l'agriculture, le sol du département de l'Aude peut être rapporté à cinq grandes catégories : les terres argilo-calcaires, les terres siliceuses, les argiles plus ou moins mélangées de silice, les terres d'alluvion et les terrains salés. Chaque arrondissement du département se

distingue par des terrains qui lui sont propres.

L'argile calcaire domine à Castelnaudary;
la couche arable, peu profonde, repose généralement sur un sous-sol composé d'une
couche de graviers liés entre eux par une
sorte de poudingue, ou bien par un tuf
tantôt blanc, tantôt rougeâtre, qui le rend
difficilement perméable. Du côté de Saint-
Papoul, les terres deviennent graveleuses et
conservent ce caractère jusqu'aux premiers
contre-forts de la montagne Noire; celle-ci,
dans toute son étendue, appartient aux terrains schisteux et siliceux. A sa base, elle renferme, sur différents points, des bancs de
roche calcaire dont on pourrait tirer un grand
parti pour l'amélioration du sol; malheureusement, les cultivateurs n'en font aucun usage.

Depuis Mireval jusqu'à Laurabuc, terre lé-

gère, mêlée de cailloux roulés, peu profonde, à sous-sol imperméable; dans le reste
du canton de Villasavary terre noirâtre, co-
lorée par l'oxyde de fer; couche arable va-
riant de 20 à 30 centimètres de profondeur;
sous-sol formé de cailloux serrés dans une
partie du canton, d'argile siliceuse dans l'autre partie; terres souvent noyées en hiver,
souffrant de la sécheresse en été. Dans le
canton de Salles-sur-Lhers, le sol consiste en
une argile calcaire profonde; cette nature
de terre domine sur les coteaux sud de l'arrondissement.

La plaine de Brame offre une grande variété de terrains. Au sud, les terres sont siliceuses et mélangées de gravier : l'hectare vaut
1,200 francs; au nord, les terres, tantôt sont
argilo-siliceuses, et reposent sur un sous-sol
de gravier, tantôt consistent en alluvions;
celles-ci sont, à juste titre, réputées les

meilleures de toute la plaine : Alzonne.
Brame, présentent les types supérieurs de
ces terrains de prédilection, qui ne se vendent pas moins de 3,000 fr. l'hectare. Ils
réunissent, en effet, au plus haut degré,
toutes les qualités exigées d'un bon sol : couche arable profonde, se pulvérisant aussi bien
par l'effet du soleil que par la gelée ; excellente proportion d'argile, de silice et de calcaire ; sous-sol perméable ; terres faciles à travailler, conservant de la fraîcheur en été, et
propres à toutes les récoltes. Elles n'ont d'autre
défaut que d'être sujettes aux débordements
du Fresquel ; mais, en les divisant en champs
étroits, on obtient aisément l'écoulement des
eaux. Les terres situées entre le canal et le
Fresquel, quoique leur composition soit excellente et qu'elles aient beaucoup de profondeur, n'admettent ni vesces, ni trèfle, ni
luzerne. Par suite des infiltrations du canal,
les brouillards y sont tels, que, sur cinq an-

nées, les récoltes y manquent deux fois. Les
mêmes inconvénients se reproduisent, par
des causes identiques, à Pexiora. Les terres
de cette commune reposent sur un sous-sol
argileux, très-nuisible aux récoltes ; un banc
de sable les sépare du sol particulier à la
plaine de Brame.

Les principaux sols de l'arrondissement de
Limoux peuvent être rapportés aux terres argilo-calcaires et aux terres douces d'alluvion ;
celles-ci suivent le cours de l'Aude, et carac-
térisent la vallée de ce nom ; les autres constituent les coteaux de cette circonscription.
Dans le Razès, on distingue les terres en boulbènes fortes, en boulbènes légères, en terres
lises et en terres-forts.

Les boulbènes fortes sont celles où l'argile
domine et se trouve mélangée à une certaine quantité de silice ; les boulbènes légères

ne sont autres que des terrains silico-argileux ;
les terres lises sont les terres purement siliceuses ; enfin, sous le nom de terres-forts, on
désigne les sols argilo-calcaires qui forment
la majeure partie des terres de ce bassin.

Dans l'arrondissement de Carcassonne, à
l'exception de la plaine d'Alzonne, qui se con-
fond de tous points avec celle de Brame, le
sol se divise en quatre catégories : les terres
argilo-calcaires, occupant les parties les plus
basses de la circonscription ; viennent ensuite
les terres calcaires mêlées de graviers, les
sols argilo-siliceux, et les terrains à base siliceuse qui régnent dans la montagne Noire,
et reparaissent sur les plateaux les plus élevés
des Corbières.

Trois sortes de terrains se partagent l'arrondissement de Narbonne. Au premier rang,
il faut placer les terres d'alluvion grasse qui

forment la plaine de Coursan; c'est le type des terres fertiles de la circonscription; elles recouvrent tout le lit envahi autrefois par les eaux de la mer. Ce sol se continue tout le long des bords de l'Aude. Une chaîne calcaire, connue dans le pays sous le nom de la Clape, sépare la plaine de Narbonne de la mer; les autres chaînes, plus ou moins élevées, de formation calcaire, sont connues sous le nom générique de *garrigues*. Par extension, on donne aussi cette appellation aux terrains caillouteux, tels que ceux de Lézignan, de Mirepesset, de la plaine du Somail. Le sous-sol, dans ces localités, tantôt consiste en une argile bleuâtre tenace, tantôt en un poudingue imperméable.

Enfin, une dernière classe de terrain particulière à l'arrondissement de Narbonne, est celle des terrains salés; ils dominent dans cette circonscription, et constituent la partie la plus basse de la plaine de l'Aude. Le

terrain salé est toujours argileux; le sel remonte à la surface en vertu des lois de la capillarité, et, dans ce cas, le terrain est absolument infertile. Parvient-on à empêcher le
sel de se produire à la surface, soit à l'aide du
sable ou des balles de blé dont on recouvre
cette dernière, le terrain se montre très-
fertile. L'étude de ce sol spécial mérite quelque développement; nous ne saurions mieux
faire, à cet égard, que de mettre sous les
yeux du lecteur les renseignements ci-après,
que nous devons à l'obligeance de M. Grulet, ancien élève de l'école polytechnique,
aujourd'hui propriétaire de terrains salés dans
l'arrondissement de Narbonne.

Un fait se produit souvent dans les terrains salés; il n'est pas rare de voir un mor-
ceau de terre, entouré de tous côtés de
terrains complétement salés, donner cependant de très-bonnes récoltes, soit fourrages

ou céréales, tandis que les terrains environnants restent complétement infertiles. La nature de la terre est identiquement la même,
sauf le degré plus ou moins fort de salure.

Ce fait conduit naturellement aux réflexions
suivantes.

On sait que, par suite de l'évaporation de
l'humidité répandue sur le terrain, le sel remonte à la surface ; en vertu des lois de la
capillarité, l'humidité externe est remplacée
par l'humidité interne du sol ; et, comme celle-
ci est salée, le sel n'étant pas volatil, à mesure que l'évaporation a lieu, le sel augmente
à la surface, jusqu'à s'y déposer en quantité
considérable.

Toute cause qui favorisera l'évaporation
de l'humidité contenue dans un sol salé sera
donc nuisible au terrain, *et vice versá ;* toute

cause qui tendra à contrarier ou à annuler
cette évaporation sera des plus favorables.
Ainsi les lavages, les inondations, en dissol-
vant les sels de la surface et imprégnant plus
ou moins le terrain d'une humidité non
salée qui, en s'évaporant, ne peut déposer de
sel à la surface, sont un auxiliaire puissant
pour celui qui cultive des terrains salés. Les
brouillards, qui déposent l'humidité sur le
sol ; les temps humides, pendant lesquels
presque tous les terrains absorbent une portion de l'humidité de l'atmosphère, sont aussi
des causes très-favorables. C'est en faisant la
part de chacune des causes ci-dessus qu'on
peut se rendre compte des raisons par suite
desquelles un terrain fertile, quoique de nature salée, conserve sa fécondité, pendant que
les sols salés environnants restent infertiles.

Les causes défavorables agissent d'une manière différente dans les deux espèces de

sols : l'un, dénué de toute végétation, n'oppose aucun obstacle à l'action des rayons solaires, à celle des vents desséchants ; l'autre, au contraire, revêtu d'un gazon épais, couvert de récoltes, oppose déjà, soit aux vents desséchants, soit aux rayons du soleil, un obstacle assez puissant.

Examinons rapidement les causes favorables. Ces diverses natures de terre ayant des propriétés différentes par rapport à la quantité d'eau qu'elles peuvent absorber et à celle qu'elles sont susceptibles d'enlever à l'atmosphère, dans les temps humides, il est clair que la terre qui enlèvera le plus d'humidité à l'atmosphère, dans un temps donné, qui, lors d'une pluie, d'une inondation, se chargera d'une plus grande masse d'eau avant d'en être saturée, se trouvera placée dans les conditions les plus favorables, puisque l'eau dont elle sera chargée devra être éva-

porée avant que l'humidité salée soit attaquée
par les rayons solaires.

Or, dans le cas actuel, la nature des deux
sols que nous comparons est la même; mais
l'une contient une plus forte proportion d'humus que l'autre, qui n'en contient que très-
peu, ou même point. Cette seule différence
change totalement l'effet des causes défavorables. En effet, des expériences de Schu-
bler et de Davy, il résulte que, si une terre
argileuse peut absorber une quantité d'eau
représentée par 60, l'humus peut en absorber 190; que, tandis que la terre argileuse perd 35 centièmes de l'eau qu'elle contient, l'humus, dans le même temps et dans
les mêmes circonstances, n'en perd que $20\frac{1}{2}$;
que, dans douze heures, une terre argileuse
ayant absorbé, aux dépens de l'atmosphère,
une quantité d'eau représentée par 15, dans
le même temps et dans les mêmes circons-

tances, l'humus en a absorbé une représentée
par 40.

De ces faits, on peut conclure que, plus
un terrain sera riche en humus, plus il sera
en position de recevoir l'influence des causes
favorables au dessalement des terres, mieux
il résistera aux causes détériorantes. Quelques exemples, dont nous pouvons garantir
l'authenticité, viennent appuyer cette théorie.

Un propriétaire, interrogé sur la manière
dont il a opéré pour dessaler des terrains
fort médiocres, convertis depuis en excellentes prairies, répond : « J'y ai introduit les
eaux douces, que j'ai laissé séjourner pendant dix années consécutives, en les renouvelant toutefois de temps en temps, mais
sans jamais laisser le terrain à sec. — Mais,
lui objectait-on, au bout de cinq ans, votre
terre n'aurait-elle pas été assez dessalée pour

3.

vous permettre d'y établir une bonne prairie ? — Non, réplique le propriétaire, après
un laps de cinq années, le sel remonte encore;
au bout de dix ans, il ne remonte plus. »

Que se passe-t-il maintenant ? Le voici. A
la faveur des eaux douces stagnantes, le sol
se dessale d'abord ; une végétation de plantes
aquatiques s'établit, faible au commencement ; mais, peu à peu, à mesure que le
dessalement augmente, que la quantité d'humus s'accroît, les plantes acquièrent une vigueur remarquable, et, comme elles ne sont
jamais fauchées, leurs débris produisent une
quantité d'humus notable après dix ans,
tandis qu'il peut à peine s'apprécier au bout
de cinq ans.

Parvenu à cette période d'amélioration du
sol, si l'on prive d'eau le terrain, les plantes
aquatiques, dont la végétation n'était déter-

minée que par la présence de l'eau, s'éloi-
gnent peu à peu, et finissent par disparaître
pour faire place à une bonne prairie, qui se
maintient ou se détériore selon que la quantité plus ou moins grande d'humus contenu
dans le sol le rend plus ou moins propre à
recevoir l'influence des causes favorables au
dessalement des terres, ainsi qu'il a été éta-
bli plus haut.

Disons maintenant un mot d'un autre procédé pour améliorer les terrains salés ; car,
dans cette culture, *tot capita, tot census.*

Quelques propriétaires entourent leurs
champs d'une chaussée, afin de retenir les
eaux, qu'ils ont la faculté d'y déverser à volonté, ou seulement celles provenant d'une
inondation. Cette chaussée leur sert, en outre,
quelquefois, pour les garantir des inondations lorsque leurs champs sont en rapport.

Cela posé, pour améliorer le terrain salé, ils l'inondent, ou, s'ils ne peuvent le faire à leur guise, ils reçoivent les eaux de la première inondation assez forte pour couvrir leurs terres, après quoi, ils ferment l'ouverture par laquelle les eaux se sont introduites, afin de les laisser stagner assez longtemps pour pouvoir dessaler le sol. D'autres propriétaires, au lieu de pratiquer une ouverture à leurs chaussées et de la fermer au fort de l'inondation, ce qui suffit généralement lorsque les chaussées ne sont pas hautes, les munissent de martellières en pierre de taille, qu'ils ferment avec des planches glissant dans des coulisses pratiquées dans la pierre. Ils laissent les eaux pendant deux, trois, quatre et même six mois, quelquefois les renouvelant à chaque inondation, afin de favoriser les dépôts limoneux qui augmentent la fertilité du sol. Ce but atteint, ils évacuent les eaux, en ayant soin de ne pas laisser une

portion du terrain à découvert, de peur que
le sel n'envahisse cette portion. Généralement,
cette pratique suffit pour pouvoir, l'année suivante, retirer une récolte de céréales, fort
belle quelquefois. Mais le sel qui est remonté
en partie pendant la végétation de la récolte,
sans cependant lui porter un préjudice notable, ne manquerait pas, la seconde année, de couvrir le terrain au point de le
rendre improductif, si l'on ne se hâtait
d'inonder de nouveau l'année suivante. On
continue ainsi à semer et inonder tous les
deux ans, et, au bout de 10 à 12 ans, on
peut semer de la luzerne, sans craindre de
la voir détruite par les efflorescences sali-
nes. Cet accident eût été inévitable, si l'on s'é-
tait hâté de la semer les premières années.
Pourquoi cela? Parce que la couche d'humus qui s'est formée pendant les dix ou
douze années de culture et d'inondation,
suffit pour combattre, avec avantage, l'effet

du sel : nouvelle confirmation de la théorie
énoncée ci-dessus.

On a encore cherché à améliorer le terrain salé par de profonds labours. On prétend
que la couche de terre, remuée sur une profondeur de 5o centimètres, absorbe une bien
plus grande quantité d'eau lors des pluies ou
des inondations, et que le sel remonte plus
difficilement. Ce raisonnement est exact; mais,
selon nous, il n'est pas complet. Faisons abs-
traction des frais de pareils labours, car il ne
faut pas reculer devant des frais considérables, lorsque les bénéfices doivent les rem-
bourser avec usure ; mais tenons compte aussi
de tous les effets produits par ces labours,
et voyons si réellement ils sont toujours aussi
avantageux qu'on le prétend.

Et d'abord, nous croyons que les résultats
qu'on leur prète sont vrais. Le terrain, se trou-

vant remué à une bien plus grande profondeur, retient une bien plus grande quantité
d'eau lors des pluies et des inondations ; mais
aussi, par cette méthode, on ramène à la surface
une terre dépourvue d'humus, qui se charge
de très-peu d'eau lors des rosées, et qui en
absorbe très-peu aux dépens de l'atmosphère
lorsque l'air est très-humide. Or, en été, les
inondations sont nulles ; les pluies sont extrêmement rares sous le climat de Narbonne ;
les rosées, au contraire, par suite du voisinage de la mer, y sont très-abondantes, et
les vents marins y sont si chargés d'humidité, que souvent les habits en sont totalement imprégnés. On remplace donc un
moyen d'amélioration, peu puissant à la vérité, mais agissant tous les jours, par un
autre beaucoup plus énergique, mais d'une
durée extrêmement limitée. Somme toute,
et sans faire entrer en ligne de compte les
frais de labours aussi profonds, nous sommes

porté à considérer ce genre d'amélioration
comme moins efficace que ceux énoncés plus
haut.

Citons un autre mode d'amélioration mis
en pratique par M. Grulet sur quelques terrains. Cet habile agriculteur ne le place pas
au-dessus des autres procédés; mais sa position l'oblige à l'employer exclusivement à
tout autre.

« Dans mon terrrain, nous écrit M. Grulet,
je n'ai point à ma disposition un cours d'eau
supérieur qui me permette de l'inonder à
volonté. Je pourrais l'entourer d'une chaussée
et y introduire les eaux dans les temps d'inondation; mais, mon sol une fois amélioré, il
me faudrait renoncer à la culture des céréales, parce que son niveau est trop bas
pour que je puisse me débarrasser aisément
des eaux d'inondation qui s'y seraient intro-

duites malgré moi, et que les chaussées qui
pourraient les préserver de toute inondation
seraient trop élevées, et, partant, trop coû-
teuses.

« Je divise mon terrain en planches de
6 mètres chacune, séparées par des fossés
de 1 mètre 50 centimètres en tête, et d'une
largeur à la base qui varie suivant la profondeur que je leur donne. Les terres de ces
fossés, rejetées sur les planches, les exhaus-
sent assez pour que les inondations, dont
elles ne sont pas cependant abritées, n'y sé-
journent pas assez pour nuire à la récolte
qu'elles portent. La figure qui suit montre la
forme d'une pièce de terre améliorée par ce
procédé, ainsi que la disposition que j'ai
adoptée pour les fossés. Il faut remarquer
que je devais réserver sur cette pièce un
passage qui me sert à enlever les récoltes
dépendant d'autres prairies. Une chose re-

marquable dans ce genre d'amélioration,
c'est que le terrain, une fois coupé de fossés
à 6 mètres de distance l'un de l'autre, s'amé-
liore seul par l'effet de cette disposition, et,
qu'une fois amélioré, le sel ne peut plus
l'envahir de nouveau. En effet, les fossés sont
remplis d'eau douce, excepté pendant deux
ou trois mois des plus fortes sécheresses.
Dans les premiers temps, le sel remonte
comme à l'ordinaire; mais, dès que l'hiver
arrive avec les inondations, ce même sel,
dissous par les eaux, est entraîné par elles.
Lorsque, par l'effet des rayons solaires ou
des vents secs, l'humidité de la surface est
évaporée, celle de l'intérieur remonte par l'effet de la capillarité, pour présenter un nouvel
aliment à l'évaporation. Mais cette humidité,
étant fournie par l'eau des fossés, qui est
douce, ne peut déposer de sel à la surface;
d'où suit que, lorsque tout le sel contenu
dans une planche de terre est remonté à

la surface et a été entraîné par les inondations, le terrain ne peut plus se détériorer.
J'ai obtenu chez moi ce résultat, qui m'a
d'abord singulièrement surpris. Une terre
salée, ainsi traitée, s'est trouvée, dans l'espace
de trois ans, suffisamment améliorée pour admettre la culture de la luzerne, dont elle est
encore couverte en ce moment. Quoi qu'il
en soit, voici la disposition de ma pièce de
terre.

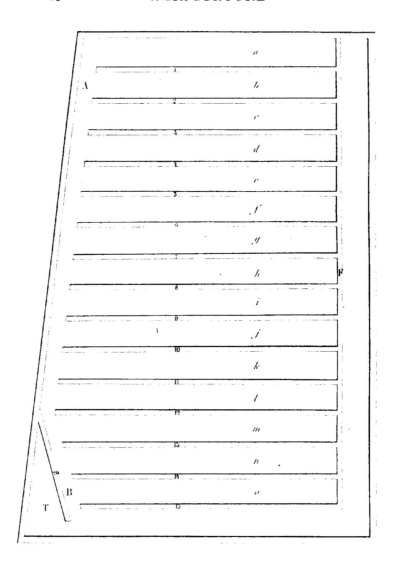

« Elle était entourée d'un fossé d'enceinte,
qui est presque continuellement rempli d'eau
douce. J'y ai pratiqué les fossés 1, 2, 3, 4,
5, 6 . . . . . . 15, aboutissant tous au fossé F,
qui prend les eaux dans le fossé d'enceinte
et alimente les fossés ci-dessus. J'ai ensuite
séparé le triangle T du reste de la pièce,
par le fossé 20, qui joint, d'un côté, le fossé
d'enceinte, laissant, de l'autre, un passage
pour aboutir à cette pièce. J'ai réservé en
outre, le passage AB pour servir à l'exploitation de la pièce de terre figurée et à celle
d'autres pièces peu éloignées. Pour former
la pièce *a* j'ai recreusé le fossé d'enceinte et
le n° 1. La pièce *c* a été formée par le recreusement des fossés 2 et 3 ; *e* l'a été par
les fossés 4 et 5 ; *g*, par 6 et 7 ; *i*, par 8 et 9 ;
k, par 10 et 11, etc.

Les pièces *a, c, e*, etc. sont suffisamment
exhaussées pour que les eaux d'inondation

ne puissent pas leur nuire. Les fossés, ayant
1 mètre 50 centimètres d'ouverture à la
gueule, 75 centimètres à la base, et 75 centimètres de profondeur moyenne, fournissent
chacun un cube de terre égal à 84 centimètres,
et, pour les deux, 1 mètre 68 centimètres
par mètre courant. Ces terres, répandues sur
une largeur de 6 mètres, forment une épaisseur de 28 centimètres, qui suffit pour dé-
fendre suffisamment le terrain contre la
stagnation des eaux.

« Les choses étant dans cet état, pendant
que les pièces a, c, e, etc. s'améliorent par
suite de la stagnation des eaux douces dans
les fossés, ceux-ci se comblent progressivement par les dépôts des inondations, et, après
un intervalle de deux ans généralement, il est
possible de les recreuser ; ils fournissent une
épaisseur de limon de 30 à 35 centimètres.
Mais alors, au lieu de rejeter les terres sur

les pièces *a*, *c*, *e*, etc. on les rejette sur les
pièces *b*, *d*, *f*, etc. parce que les premières
sont suffisamment exhaussées. Ainsi, les fossés
1 et 2 formeront, par leur recreusement, la
pièce *b*; 3 et 4 formeront la pièce *d*: ainsi
de suite. De cette manière, on peut tirer de
bons revenus des pièces *a*, *c*, *e*, etc. pendant
que les pièces *b*, *d*, *f*, etc. ne sont pas encore
suffisamment exhaussées ; cependant, elles
fournissent elles-mêmes un très-bon foin,
attendu que le séjour des eaux douces dans
les fossés qui les avoisinent, les ont considérablement améliorées.

« Ce mode d'amélioration est fort dispendieux ; il me revient environ à 600 francs
l'hectare ; néanmoins, après trois ans, j'ai pu
y établir une luzerne qui, dès sa première
année de rapport, m'a donné 500 francs de
revenu net par hectare. La deuxième année,
la première coupe a été souillée par les terres

limoneuses d'un inondation ; mais j'ai vendu la deuxième coupe 250 francs par hectare, et l'acheteur s'est chargé de la retirer de la pièce, mon rôle se bornant à la faire couper et sécher. On voit donc par là que, dans notre climat, du moins, ces fortes dépenses sont bien compensées par le produit qu'elles procurent, et, quoique la luzerne, dans ces sortes de terrains, ne dure guère que quatre à cinq ans, elle a déjà remboursé, à cette époque, plus que toutes les avances faites, et il reste encore au propriétaire une terre excellente pour la culture du blé, sur laquelle il peut semer de nouveau de la luzerne cinq ou six ans après.

« J'ai été témoin d'un fait qui me semble de nature à porter la conviction dans l'esprit des plus incrédules.

« Un propriétaire dont le terrain était com-

plétement salé, et, en outre, grevé d'un droit
de passage, voulut circonscrire ce droit de
passage; à cet effet, il pratiqua un petit fossé
à 3 ou 4 mètres du fossé d'enceinte, réser-
vant cette largeur pour le passage qu'il devait
à des tiers. Ce terrain, dans cette position,
s'est tellement amélioré, que le trèfle et les
meilleures herbes des prairies y ont poussé
spontanément sur tous les points, pendant que
le reste du champ est demeuré complétement
salé.

« On se demande naturellement quelle est
la largeur maximum que l'on puisse donner
à ces bandes de terre, sans craindre que le
sel remonte. Je n'ai pas résolu le problê-
me; cependant j'ai vu des pièces de 10, de
12 et 15 mètres complétement exemptes de
sel. Doit-on, pour cela, donner à celles que
l'on formera 12 à 15 mètres de largeur? Je
ne le pense pas. En effet, ne perdons pas de

4.

vue cette position. Il faut exhausser le terrain
de 25 à 30 centimètres. Si vous prenez une
largeur de 15 mètres, il vous faudra des
fossés énormes, dont la terre devra être jetée
assez loin. Au contraire, si vous vous con-
tentez de petits fossés, il faudra attendre fort
longtemps avant que les dépôts, qu'y laisse-
ront les inondations, soient suffisants pour
exhausser le terrain de manière à le rendre
propre à la culture de la luzerne et du blé.
Je crois avoir résolu la question pratique et
économique. En effet, pendant qu'une large
bande de terre reste à peu près improductive,
faute d'un exhaussement suffisant, une petite
bande produit déjà et a remboursé quelquefois toutes les avances, avant que l'autre soit
en état d'être ensemencée. De plus, les fossés font sentir leur influence beaucoup plus
tôt, lorsqu'ils ne sont qu'à six mètres, que
lorsqu'on les porte à 15 mètres. Tout au plus
pourra-t-on, lorsque tout le terrain sera en

rapport, que les fossés seront comblés en partie, se servir de ces terres pour en combler un, et réunir ainsi deux bandes de 6 mètres en une seule, qui aurait alors 13 mètres 50 centimètres, en y comprenant la largeur du fossé de division; mais, même dans ce cas, je pense que les terres provenant de ce recreusement seront beaucoup mieux placées sur les terres mêmes, dont elles augmenteront la fertilité à un degré vraiment extraordinaire. Il est tel propriétaire qui sème du blé sur ces terres pendant cinq à six ans sans interruption, et qui obtient toujours de bonnes récoltes sans fumier, qu'il remplace par ces curures de fossés. »

Nous reportant aux idées exprimées ci-dessus, nous croyons nécessaire de prévenir le lecteur que nous n'avons nullement la prétention de poser les bases d'une théorie complète au sujet des terrains salés; seulement

nous avons cherché à appeler l'attention sur
l'humus, cet agent principal dont on ne fait
pas assez de cas en traitant d'une manière
les terrains salés. Nous nous sommes efforcé
de montrer combien l'efficacité de l'humus
était supérieure à celle des agents secondaires
dont les effets, brillants au premir aspect,
s'évanouissent après un temps fort court et
exposent l'agriculteur, trop enthousiaste ou
peu réfléchi, à de graves mécomptes. Dans
toutes les améliorations obtenues, il est facile
de signaler la présence de l'humus. L'humus
ici est-il la cause des améliorations produites
sur les terrains salés, ou seulement la conséquence des bons résultats obtenus? question
délicate, sur laquelle nous nous garderons bien
d'émettre une opinion absolue; contentons-
nous de provoquer l'attention des observateurs
sur ce fait important, pour que chacun puisse
étudier et résoudre le problème, selon la position particulière où il se trouve placé.

INSTRUMENTS ARATOIRES.

Les principaux instruments de culture employés dans le département de l'Aude sont la charrue, la herse, le rouleau, le scarificateur-houe-à-cheval, de Moux; le pelleversoir, le bigos ou bèche à deux ou trois pointes, la houe ou rabassier, la masse et la galère.

CHARRUE.

On se sert de trois sortes de charrues dans le département : l'araire, la mousse et les charrues perfectionnées.

L'araire est la plus répandue de toutes: dans bien des localités c'est la seule qu'on emploie. Un sep taillé en pointe, surmonté de deux oreillettes; un soc à deux ailes très-courtes, un âge brisé dans sa partie extérieure,

un mancheron unique, telles sont les pièces
principales qui la composent : instrument très-
défectueux, ne coupant le sol ni verticalement,
ni horizontalement, le déchirant à la manière
d'un coin, et déplaçant les bandes de terre sans
les retourner. Dans les lieux où l'on s'en sert à
l'exclusion de toute autre charrue, le travail
est détestable; tout au plus serait-il médiocre
dans un sol léger. De nul effet dans les terres
fortes, l'araire parvient tout au plus à ameublir
leur surface; elle n'est bonne qu'à enterrer
la semence, encore cette opération serait-elle
mieux et plus économiquement exécutée à
l'aide de l'extirpateur. L'araire coûte, dans le
pays, de 16 à 20 francs.

La mousse est un perfectionnement de
l'araire; elle s'en distingue par son soc à une
seule aile, son versoir fixe, et une plus grande
solidité de construction dans toutes ses parties. Avec la mousse, on peut, du moins, exé-

cuter des labours d'une certaine profondeur ; elle pénètre à 16 et 18 centimètres dans le sol; mais il est fâcheux qu'elle creuse inégalement le sillon, ce qui oblige à croiser les labours, afin que le sol soit travaillé partout à une profondeur uniforme; en outre, elle renverse mal la tranche détachée par le soc, et donne du tirage aux attelages. Quoi qu'il en soit, la mousse est infiniment préférable à l'araire; elle doit être considérée comme un intermédiaire entre les charrues les plus défectueuses et les charrues perfectionnées dont le besoin se fait vivement sentir dans le département de l'Aude.

La forme donnée aux labours varie. Dans l'arrondissement de Castelnaudary, ils ont lieu par planches de 3, 4 et 6 mètres de largeur, légèrement bombées; l'introduction des fourrages a fait renoncer aux billons étroits et très-bombés, qui dominaient exclusivement dans cette circonscription; malheureusement, sur

d'autres points, on a encore recours à cette
détestable pratique des billons étroits, adoptés dans le but de préserver les récoltes d'un
excès d'humidité, mais qui produisent un effet tout contraire avec des pluies persistantes.

Dans les arrondissements de Carcassonne
et de Narbonne, les labours ont lieu généralement à plat. A l'exception des cultures préparatoires pour la luzerne, la profondeur
moyenne des labours est trop superficielle
pour la nature des terres et l'ardeur d'un
climat méridional; elle n'excède pas 16 centimètres. Partout le premier labour se donne
à la même profondeur que les façons subséquentes; aussi ignore-t-on les avantages du
déchaumage, cette première culture superficielle donnée au sol immédiatement après
l'enlèvement de la récolte, et qui a pour
objet de faire germer les semences des mauvaises herbes et de les enfouir ensuite par un

labour profond. Quelques propriétaires intelligents y ont recours; mais, au lieu d'employer l'extirpateur, ils se servent de l'araire,
dont le travail est plus lent, moins énergique, et surtout plus dispendieux. Dans l'é-
tat actuel du pays, le déchaumage doit être
rangé parmi les améliorations qu'il réclame
avec le plus d'urgence; c'est le meilleur
moyen qu'on puisse adopter pour se débarrasser des mauvaises herbes, et particulièrement de la folle avoine, ce fléau si redouté
du cultivateur, si peu redoutable, cependant, quand on appelle à son aide, pour le
combattre, le déchaumage, les récoltes fourragères et sarclées, et surtout de bons assolements.

Le nombre des labours se règle ordinairement d'après le genre des récoltes; toutefois, un grand nombre de cultivateurs subissent, à cet égard, les lois tyranniques de

l'habitude usitée dans leur localité. Ainsi,
chez les uns, on se croirait perdu si la jachère ne recevait quatre labours; ailleurs,
on est obligé de lui en donner cinq; partout
on consulte bien plus la coutume du pays
que l'état du sol. Il est de règle, dans toutes
les exploitations, de croiser les labours. Dans
les localités où la culture du maïs est une
récolte principale, le défoncement des terres
se pratique communément : la plupart du
temps, il s'effectue avec le pelleversoir. Quelques propriétaires, cependant, commencent
par ouvrir le sol avec la charrue, et font donner ensuite un fer de bêche dans le sillon:
cette méthode présente une grande économie sur le pelleversage.

HERSE.

Si l'on trouve de bonnes herses chez quelques propriétaires qui comprennent toute

l'importance des instruments perfectionnés, on peut dire, sans exagération, que c'est là une exception si rare, dans le département de l'Aude, qu'en montrant aux cultivateurs une herse bien construite, on leur montrerait un instrument tout à fait nouveau pour eux.

Peut-on, en conscience, donner le nom de herse à ce cadre grossier, armé de dents en bois, dont on se sert dans l'arrondissement de Narbonne? Le reste du département n'est pas plus favorisé : l'instrument qui tient lieu de la herse, n'est pas moins défectueux. Les dents n'ont ni la force ni l'inclinaison voulues; elles sont, pour la plupart, simplement fichées dans le bois, au lieu d'y être fixées solidement à l'aide de boulons en fer; et, défaut plus grave, leur distribution est telle, que, au lieu de tracer chacune une raie particulière, elles se confondent dans les mêmes

lignes et ôtent ainsi à l'instrument une partie de son énergie et de son action.

La herse Valcourt remplacerait, avec avantage, toutes les herses plus ou moins défectueuses qui se rencontrent aujourd'hui dans
l'Aude.

ROULEAU.

Le rouleau est peut-être d'un usage encore
moins répandu que celui de la herse dans le
département. Excepté l'arrondissement de
Narbonne, où l'on emploie, dans les grandes
propriétés, un rouleau cannelé en pierre,
les autres circonscriptions ne connaissent
d'autres rouleaux que ceux destinés au dépiquage des grains : d'instrument propre à
ameublir le sol et à compléter le travail de la
charrue et de la herse, il n'en est nullement
question. L'émottage à la main tient lieu,

dit-on, de cette opération; mais, quiconque
a vu pratiquer ce mode ruineux pour amener le terrain à une préparation suffisante,
comprendra tout d'abord combien l'action
du rouleau est préférable, sans parler de l'a-
vantage inappréciable de se mettre à l'abri
du mauvais vouloir et de la paresse des femmes, qu'il faut encore trouver et employer dans
un temps donné. Quelle comparaison établir
entre les résultats obtenus à grand'peine,
à force de surveillance, et les effets produits par le rouleau, sans difficulté, sans
contrôle, et sans autre soin que celui de s'en
servir à propos?

Si cet instrument est regardé comme très-
utile dans le Nord, combien plus est-il indispensable dans un pays où le soleil a tant
d'activité, et où il suffit de 24 heures d'une
forte chaleur pour durcir la terre, au point
de ne plus pouvoir l'entamer avec les instru-

ments. Le rouleau n'est pas moins nécessaire pour empêcher le sol fraîchement labouré d'être desséché par le soleil. Un bon rouleau offre le moyen de travailler parfaitement la jachère, d'assurer une bonne répartition de la semence, et de favoriser la germination des graines; il est facile de se procurer ces avantages à l'aide de rouleaux en bois, construits dans de bonnes proportions, c'est-à-dire ayant 1 mètre 45 centimètres de longueur, sur 80 centimètres de diamètre. Amélioration à importer dans le département.

SCARIFICATEUR-HOUE-A-CHEVAL DE MOUX.

L'agriculture du Midi est redevable de cet instrument nouveau à M. Ch. de Moux, praticien fort éclairé de l'arrondissement de Carcassonne :

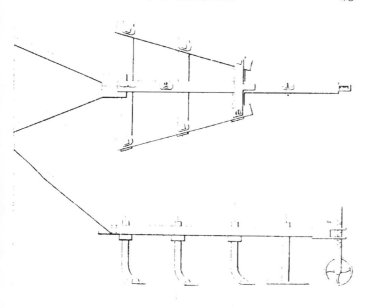

Dans son état normal, il porte six pieds d'égale hauteur, à l'extrémité des traverses, et une truelle placée dans l'un des deux trous de l'âge, suivant la facilité du travail.

L'outillage complet se compose :

1° De six pieds pointus et six pieds carrés, d'égale hauteur, pour l'extrémité des traverses;

2° De deux boulons;

3° D'une truelle, d'un pied pointu et d'un pied carré, pouvant s'adapter à l'âge et ayant l'encoche plus élevée de toute l'épaisseur des traverses, afin que leur surface inférieure se trouve dans le même plan horizontal que celle des autres pieds.

Dans les terrains d'un travail facile, l'instrument peut être monté comme il suit :

1° La truelle au trou de l'âge n° 1 ;

2° Six pieds carrés à l'extrémité des traverses.

Si l'entrure n'est pas suffisante, on l'augmente en portant la truelle au trou de l'âge n° 2.

Si l'on désire une plus grande énergie, on ajoute un pied carré dans le trou n° 2.

Si cela ne suffit pas, on remplace le pied
carré par un pied pointu, et l'on opère, au
besoin, le changement de tous les pieds carrés par les pieds pointus, en commençant par
la traverse de devant *a*.

En enlevant définitivement la truelle, en
mettant un pied pointu au n° 1 et à toutes les
traverses, l'instrument acquiert une énergie
capable de le faire pénétrer dans les terrains
les plus difficiles.

En diminuant successivement l'écartement
des bras, au moyen du changement des traverses, on arrive à porter derrière la traverse
a; l'instrument marche alors sur trois pieds
et atteint son maximum d'énergie.

Dans ce cas, les bras sont réunis à la traverse fixe en fer *m*, au moyen de deux boulons dont il a déjà été parlé.

5.

Le nombre des traverses a été fixé à cinq, parce qu'il répond aux besoins de l'exploitation de M. de Moux; mais on peut l'augmenter à volonté, de manière à satisfaire toutes les exigences, comme aussi on peut varier à l'infini la forme des pieds.

Les ·traverses ont la longueur suivante, d'un trou à l'autre, de milieu à milieu : 30^c. — 45^c. — 50^c. — 60^c. — 70^c.

Pour marcher à 0^m,70^c, largeur des pieds non comprise, il faut les traverses : 70^c. — 50^c. — 30^c.

Pour marcher à 0^m,60^c, il faut : 60^c. — 45^c. — 30^c.

Pour marcher à 0^m,50^c, il faut : 50^c. — 30^c.

Pour marcher à 0^m,45^c, il faut : 45^c.—30^c.

Pour marcher à o^m,3o^c, il faut : 3o^c.

C'est à l'intelligence du praticien à combiner l'emploi simultané des traverses et des pieds pointus ou carrés, pour obtenir le plus grand effet possible.

Nous ferons observer seulement que l'avantage du trou n° 2 de l'âge consiste à pouvoir utiliser constamment la truelle, qui rarement fonctionne d'une manière convenable, forcée qu'elle est alors d'entamer le terrain, tandis que, placée derrière, elle trouve un terrain déjà divisé sur les côtés, ce qui lui donne la facilité de lever la bande qui passe entre les deux pieds de devant, et qui peut, au besoin, être partagée par un pied pointu placé dans le numéro 1.

M. de Moux s'est fort bien trouvé d'une roue adaptée, ainsi qu'il suit, à son instrument :

L'extrémité antérieure de l'âge porte deux plaques en fer parallèles, à trous carrés oblongs qui se correspondent; la tige plate de la chappe de la roue entre dans cette double mortaise; elle est percée de plusieurs trous et sert de régulateur. C'est en introduisant le crochet d'attelage dans l'un de ces trous qu'on fixe l'entrure.

Telles sont les différentes pièces dont se compose le scarificateur-houe-à-cheval, de Moux. Cet instrument, assemblé sans tenons ni mortaises, réunit à la solidité l'avantage de pouvoir s'employer à toute largeur, de conserver le parallélisme des pieds et leur distance obligée, par rapport à la ligne de tirage, et de ménager les attelages, en n'employant que le nombre de pieds nécessaires pour la distance de chaque rangée de plantes.

Tous ces avantages résident dans l'inven-

tion de traverses mobiles, portant les pieds que
iusqu'ici on avait fixés aux bras, traverses se
prêtant à toutes les combinaisons, et dont la
largeur varie suivant la nature du travail.

Le scarificateur-houe-à-cheval, de Moux,
nous semble appelé à rendre de grands services à l'agriculture, dans les contrées méridionales, où il est important d'empêcher le
sol de se prendre en croûte, sous l'action
d'un soleil brûlant. Suivant nous, il résout
complétement le problème de la culture économique de la vigne, au moyen des instruments; aussi ne craignons-nous pas de le recommander vivement aux propriétaires du
sud-ouest de la France.

PELLEVERSOIR.

Le pelleversoir est employé surtout dans
l'arrondissement de Castelnaudary et dans

plusieurs communes de celui de Limoux. Un
manche en bois, de 1 mètre de longueur,
garni à l'une de ses extrémités d'une douille
à laquelle aboutit une traverse en fer, d'où
partent parallèlement, et à angle droit, deux
dents également en fer, de 32 centimètres
de longueur, représente cet instrument. On
s'en sert presque exclusivement pour les dé-
foncements à bras. Ceux-ci sont presque toujours l'objet d'un prix débattu entre le propriétaire et l'ouvrier. Quand le défoncement
a lieu à deux fers de bèche, le travailleur
s'attribue les deux tiers de la récolte de maïs,
qu'on prend sur cette terre ainsi fouillée; s'il
ne donne qu'un fer de bèche, la moitié de la
récolte revient au maître; mais, dans ce cas,
il faut que la terre soit bonne pour que l'ouvrier accepte le marché.

Le défoncement du sol, à l'aide du pelleversoir, est très-recherché par les ouvriers;

ils trouvent à utiliser ainsi, en hiver, leurs
journées perdues, et se procurent, sans bourse
délier, la denrée qu'ils recherchent le plus.
Pour les propriétaires, le marché n'est pas
moins avantageux : il leur permet d'opérer à
bon compte une amélioration foncière dont
les résultats sont très-sensibles pendant
plusieurs années; ils en tireraient un excellent parti, s'ils en faisaient le point de départ de la culture de la luzerne, cette base
principale la production économique des céréales.

BIGOS ET RABASSIER.

Ces noms s'appliquent à deux espèces de
houe à main employées dans la culture de
la vigne. La première est armée de deux ou
trois dents en fer; la seconde ne porte qu'une
seule lame de 20 centimètres de largeur sur
24 de longueur.

La houe à cheval et le buttoir sont des instruments inconnus à la plupart des cultivateurs de l'Aude ; on les remplace par le travail plus coûteux et moins parfait de la charrue.

MASSE.

On appelle de ce nom un petit maillet en bois de frêne ou d'orme, long de 25 centimètres sur 10 à 12 de diamètre, qui se trouve à l'extrémité d'un manche de 1 mètre 50 centimètres de long. Les journalières s'en servent pour briser les mottes.

GALÈRE.

La galère est un traîneau auquel on attelle un cheval ou une mule pour transporter la terre d'un point du champ sur un autre point. L'ouvrier charge l'instrument en soulevant son mancheron. On emploie la galère avec succès dans l'arrondissement de Castel-

naudary. Elle rendrait de grands services
dans le reste du département, chez les propriétaires qui ont l'excellente habitude de
faire reporter, de temps à autre, dans le milieu des pièces, la terre accumulée par le labour sur le bord des champs. Partout où l'on
applique la terre charriée par la galère, le
sol acquiert une haute fécondité, qu'il faut
cependant soutenir par des engrais après un
certain nombre de récoltes. Il va sans dire
que là où l'on a enlevé la couche superficielle
du sol, celui-ci est considérablement appau-
vri, et qu'il faut fumer abondamment, pendant plusieurs années consécutives, si l'on
veut le rétablir dans son premier état. Le
prix d'une galère bien conditionnée revient
à 5o francs.

MODES DE JOUISSANCE DU SOL.

On distingue cinq manières d'exploiter le
sol dans le département de l'Aude : par mé-

tayers, par maîtres-valets, par ramonets, par
fermiers et par régisseurs.

Le métayer ou bordier n'est autre qu'un
colon partiaire, auquel le propriétaire remet
sa métairie garnie d'un cheptel, sous la condition de partager les fruits et les bénéfices
provenant du sol et du bétail attaché à l'exploitation.

Le métayage existe dans tout le département, mais principalement dans la montagne.

Les métayers, en général, sont sans ressources ; le propriétaire est obligé de leur
fournir tout le mobilier d'exploitation, de leur
prêter la semence et de leur donner le bétail
à titre de cheptel. Ils sont engagés pour un
an. Dans le haut Languedoc, ils entrent dans
l'exploitation au 1ᵉʳ novembre ; dans le bas
Languedoc, à la Saint-Michel. Lorsqu'ils veu-

lent quitter le domaine, ils doivent prévenir six mois à l'avance ; cette obligation
est commune au propriétaire qui veut renvoyer son métayer, à moins que le renvoi
n'ait pour cause un acte d'improbité à son
préjudice. La moitié des contributions est
mise à la charge des métayers ; lorsque le
propriétaire en fait l'avance, il en retient le
prix sur la part de récolte afférente au métayer ou sur les produits du bétail qui lui
échoient en partage. Les métayers doivent se
fournir d'instruments aratoires, d'outils de
main et de charrette. A l'exception de cette
dernière, dont l'entretien demeure exclusivement à la charge du métayer, le propriétaire intervient pour moitié dans la dépense
occasionnée par l'entretien des charrues et des
outils. Ordinairement on *passe un abonnement,*
avec le forgeron de l'endroit, pour cette dépense, ainsi que pour le ferrement des bestiaux.
Suivant l'importance du domaine, on convient,

à cet effet, d'une rente annuelle de 2, 3 ou 4 hectolitres de seigle. Dans certaines localités, à Saissac, par exemple, le métayer a le droit de tenir, pour son compte exclusif, 5 bêtes à laine sur 100, dans le troupeau de l'exploitation; en retour, il paye au propriétaire une redevance annuelle de 32 volailles et de 300 œufs. Tous les charrois dont le propriétaire a besoin pour les réparations de la ferme ou de sa propre habitation, ainsi que pour le transport de ses denrées, sont exécutés par le métayer.

La plupart du temps les conventions entre les propriétaires et les métayers sont verbales; ceux-ci, dans beaucoup de localités, se succèdent de père en fils, par tacite reconduction. Le colon, en entrant, prend le bétail de la ferme sur estimation; il le rend à sa sortie, et profite du boni ou supporte la perte sur les animaux, par égales parts.

Les métayers passent généralement pour probes et actifs; une bonne harmonie existe entre eux et les propriétaires. Toutefois, dans certaines localités de la montagne Noire, on a à leur reprocher d'employer les bêtes à cornes de la métairie à des charrois exécutés pour leur propre compte, malgré les conventions passées avec le propriétaire. Sur d'autres points, on les accuse d'avoir perdu les habitudes de stabilité et d'attachement au sol, par suite desquelles il n'était pas rare de voir des métayers comptant 15 et 20 ans de séjour dans la même exploitation; on les trouve moins souples, moins obéissants et plus enclins à ce sentiment d'indépendance irréfléchie, qui, de nos jours, a gagné toutes les classes de la société. Leur condition, du reste, n'est guère plus sortable aujourd'hui qu'elle ne l'était autrefois. Si, grâce à notre révolution, le métayer ne dépend plus d'un seigneur, il n'est pas moins l'esclave de sa position misérable. Sans

argent, sans crédit, il ne peut sortir du cercle
étroit où l'enferment ses besoins; faute de
capital et de fonds de roulement, il ne peut
entreprendre d'améliorations foncières; son
bail tient toujours suspendue sur sa tête l'épée
de Damoclès. Le moindre sinistre sur les animaux d'exploitation le grève d'une charge bien
lourde; heureux quand, à force de temps, de
privation et d'économie, il parvient à s'acquit-
ter; plus heureux encore, lorsque, après 15
et 20 années de rudes labeurs, il a pu acheter
un hectare de vigne, l'objet constant de ses
désirs, le terme possible de son ambition!

Le système de culture par maître-valet est
en vigueur dans les arrondissements de Castelnaudary, de Limoux et dans une partie de
celui de Carcassonne. Le maître-valet est un
serviteur agricole engagé à l'année, étranger,
en général, à toute espèce de responsabilité,
sous la dépendance absolue des ordres du

propriétaire, recevant des gages déterminés pour les travaux qu'il exécute sur l'exploitation avec le concours de sa famille, et ne prenant aucune part dans les produits de la récolte ou les profits du bétail, lesquels reviennent exclusivement au propriétaire.

Les conditions passées avec les maîtres-valets varient suivant les localités.

Dans le canton de Castelnaudary les maîtres-valets cultivent à moitié fruit par paire de labourage (12 à 15 hectares) 1 hectare $\frac{1}{3}$ en maïs, 65 ares de fèves et 15 à 20 ares de lin. Ils reçoivent, par paire de bœufs :

4 hectolitres de blé à 20 fr. l'hect....	80ʳ
3 ———— de maïs à 10 fr........	30

et on leur permet ordinairement de tenir sur la métairie 2 cochons et 15 bêtes à laine par paire de labourage. Pour chaque paire

de bœufs, le maître-valet est tenu de fournir un homme, pour lequel on lui remet la
quantité de blé et de maïs indiquée ci-dessus ; de son côté, il paye ce valet sur le pied
de 90 à·100 francs. Les labours pour le maïs
sont exécutés avec les bêtes de l'exploitation ;
pour toutes les récoltes à partager à moitié
fruit, les frais de main-d'œuvre incombent
entièrement à la charge du maître-valet : il
y emploie ses heures de loisir, s'aide des bras
de sa famille et, au besoin, de ceux d'ouvriers
étrangers à l'exploitation.

Les gens engagés par les maîtres-valets en
qualité de laboureurs sont logés dans l'exploitation et nourris aux frais du maître-valet. La
nourriture principale consiste en une bouillie épaisse, faite avec de la farine de maïs,
et connue dans le pays sous le nom de millasse (c'est le mets de prédilection des ouvriers
agricoles dans le haut Languedoc); des légumes,

tels que choux, pommes de terre, haricots,
des œufs et un peu de pain font partie des
repas; chaque année, on tue un cochon, et l'on
fait provision de quelques oies salées : la majeure partie de cette viande est consommée
pendant la moisson. La viande de boucherie
ne paraît sur la table que par exception et
dans des occasions solennelles. Généralement,
les valets ne boivent de vin que pendant une
partie de l'année; on le réserve pour l'époque
des forts travaux.

A Villasavary, le salaire des maîtres-valets
diffère de celui qu'on accorde à Castelnaudary. Le maître-valet a 5 hectolitres de blé par
paire de bœufs, et 2 hectolitres 1/2 de maïs.
On lui donne, en outre, 1 hectare 60 ares à
cultiver en maïs, dont la récolte se partage
alors à moitié; il a ordinairement la moitié des
produits du troupeau; il sème, sur un terrain
laissé à son choix, 2/5 d'hectolitre de lin par

6.

paire de bœufs; il fournit la moitié de la semence et partage la récolte avec le propriétaire : il en est de même pour les fèves, dont
il peut cultiver 125 litres par paire de bœufs.
Le propriétaire ne donne ni vin, ni argent;
le maître-valet se nourrit à ses frais. Il est tenu
de fournir une personne en état de conduire
temporairement un attelage de bœufs; en général, c'est un enfant ou un vieillard qu'on
prend à cet effet. Suivant le nombre de chevaux à garder, on donne 2 ou 3 hectolitres
de blé.

A Mireval, on donne au maître-valet, par
paire de labourage, 4 hectolitres de blé et
3 hectolitres de maïs; les produits du troupeau, de 10 bêtes environ, se partagent à
moitié.

A Cahuzac, le maître-valet reçoit, par paire
de bœufs, 6 hectolitres de maïs, 3 hectolitres

de blé, 1 hectare de terre à cultiver en maïs,
dont la récolte se partage à demi, et, de plus,
un demi-hectare à planter en pommes de
terre, fèves, lin et haricots, dont la moitié
des produits revient au propriétaire. L'ensemble de ces denrées constitue un salaire de
200 fr. environ. Ordinairement, le propriétaire achète deux cochons; leur nourriture est
à la charge du maître-valet, qui s'attribue l'un
des deux animaux à la fin de l'accroissement.

Dans la plaine de Brame, la métairie est
conduite par le *bourrat*, espèce de maître-
valet, qui a particulièrement sous sa direction
les attelages et le soin des instruments aratoires. S'il ne trouve pas dans sa propre famille les gens dont le propriétaire a besoin
pour ses travaux, il les loue pour son compte.
Le propriétaire traite exclusivement avec le
bourrat; il a toujours la faculté de renvoyer
les valets choisis par le bourrat qui ne lui

conviendraient pas. Le maître-valet, de son
côté, exerce l'autorité la plus entière sur les
serviteurs engagés sous sa direction; il est
parfaitement libre de les renvoyer sans de-
mander l'agrément du maître. Celui-ci dirige
personnellement la propriété. Les salaires
sont comptés par charrue.

Les gages d'une charrue consistent en 6 hectolitres de blé à 20 francs, 3 hectolitres de
maïs à 10 francs, 32 ares de *millet au labour*
à moitié. Le propriétaire fournit les bœufs et
les instruments aratoires; le maïs est semé,
sarclé, éclairci, biné et récolté par les femmes
et les valets de la métairie, qui ne vaquent à
ces travaux que dans l'intervalle des attelées.
Le maître-valet dispose, en outre, de quelques
ares qu'il cultive en légumes pour son usage
personnel. Dans certaines métairies tous les
légumes sont cultivés à moitié; dans ce cas, on
diminue proportionnellement la quantité de

terre en maïs assignée à chaque charrue pour ses gages. Le bourrat a la faculté de semer 20 litres de lin sur dix ares par charrue; la semence est fournie, par moitié, entre le propriétaire et le maître-valet; la filasse et la graine se partagent entre eux par égales parts. On ne donne ni vin, ni bois, dans les exploitations où il y a un troupeau; celui-ci est ordinairement à moitié perte et moitié profit. Là où il y a un *haras,* on paye un demi-gage de charrue si un enfant suffit pour le garder; le haras est-il nombreux, exige-t-il absolument un homme pour gardien, ce dernier reçoit les gages d'un valet ordinaire.

Dans le Razès, arrondissement de Limoux, un seul homme, par paire de bêtes de travail, est gagé. Le salaire des maîtres-valets consiste, pour chaque tête, en 6 hectolitres 40 litres de blé, 4 hectolitres 80 litres de maïs, 55 litres de vin et 12 francs. Chaque valet a la faculté

de semer pour son propre compte 4o litres
de fèves, 5 litres de graine de lin, 5 litres de
haricots et 20 kilogrammes de pommes de
terre, le tout fumé aux frais de l'exploitation.
Le propriétaire accorde, de plus, un petit
coin de terre cultivé en *jardinages* et, pour
chaque paire de bêtes de travail, il donne un
demi-kilogramme d'huile destinée à l'éclai-
rage des étables.

Du 1ᵉʳ novembre au 1ᵉʳ mai, les maîtres-
valets se nourrissent de pain de maïs ou de la
bouillie appelée millasse, de choux, pommes
de terre, fèves et haricots; pendant les six
autres mois de l'année ils mangent du pain
de froment pur ou contenant de la farine de
fèves; des légumes frais et du porc salé forment leur ordinaire. Les maîtres-valets sont
engagés en juin pour entrer dans l'exploitation le 1ᵉʳ novembre suivant; leur engage-
ment est verbal et seulement pour un an.

Le personnel de la métairie se compose,
1° du père, le chef des serviteurs, désigné sous
le nom de bourrat, auquel le soin du bétail
est spécialement dévolu ; 2° de sa femme : c'est
elle qui est chargée du service intérieur ; 3° de
leurs fils ou des valets gagés et nourris par
eux ; ils mènent les attelages au travail, labou-
rent les terres, nettoient les fossés, tirent le
fumier des étables ; le chef laboure avec eux.
L'exploitation compte encore un homme consacré au service spécial des chevaux ou juments, et qui en conduit une paire aux champs
quand on emploie ces animaux pour labourer
ou rouler.

A Limoux, pour chaque paire de labourage
on donne 6 hectolitres 40 litres de blé, 1 hectolitre 61 litres de maïs, 1 hectolitre 61 litres
de seigle, 33 ares à cultiver à moitié fruit en
maïs. Les valets sèment, en outre, pour leur
compte, 20 litres de fèves, 10 litres de lin,

10 litres de haricots, et ils reçoivent 17 fr.
en argent. Ces gages, dans leur ensemble,
représentent une valeur de 260 à 300 francs.
Généralement les maîtres-valets n'ont pas le
droit de tenir des bêtes à laine dans le troupeau du propriétaire. Le personnel des métairies consiste ordinairement en une famille
dont les enfants travaillent comme journaliers
dans l'exploitation. Les maîtres-valets, dans
le département de l'Aude, passent pour d'excellentes gens, aux mœurs patriarcales, très-
sobres, bons travailleurs, mais un peu lents
dans leurs allures. On leur reproche de n'ac-
cepter le progrès qu'avec difficulté, mais, toutefois, sans répugnance instinctive : tout ce
qui dérange leurs habitudes fait bientôt place
à de meilleures dispositions lorsqu'ils ont affaire à des propriétaires intelligents qui savent
les guider à travers les nouveautés d'une agriculture améliorée.

Avec le système des maîtres-valets, le propriétaire ne peut invoquer le prétexte d'une
résistance aveugle de la part de ses agents.
Maître absolu de son exploitation, il peut la
diriger comme bon lui semble. Si donc il
persévère dans un agriculture routinière, la
faute en est à lui seul; elle tient, d'une part,
à l'insuffisance du capital engagé dans l'exploitation; de l'autre, au défaut d'instruction agricole trop commun parmi les cultivateurs; elle
tient encore à cette espèce d'ilotisme dans lequel les propriétaires se plaisent à renfermer
leurs valets, les considérant comme de simples instruments dont ils doivent tirer tout le
parti possible, sans autre compensation que
l'honneur de les servir. Nul doute que si ces
obstacles radicaux disparaissaient, les maîtres-
valets, bien dirigés, ne rendissent de grands
services à l'agriculture du département. Il suffirait, pour cela, de leur donner les moyens
d'agir utilement, et de stimuler leur zèle en

les associant au succès de l'exploitation, à
l'aide d'une part dans les bénéfices, calculée
d'après l'augmentation du revenu annuel de
la propriété.

La culture par *ramonet* existe dans l'arrondissement de Narbonne, et dans certaines
parties de celui de Carcassonne; elle ne diffère pas sensiblement du système des maîtres-
valets.

Dans la culture par ramonet, le propriétaire reste le chef absolu de son domaine;
ses agents n'ont aucune part dans la récolte.
Le ramonet a sous ses ordres les valets de labour. Par chaque paire de mules, on compte
un valet, qui constitue ce qu'on nomme dans
le pays une *dépense*. Tous les valets sont
nourris par le ramonet, moyennant un salaire
dont le prix varie suivant les localités. A Narbonne, ce salaire est, pour chaque valet, de

6 hectolitres 40 litres de blé, 370 litres de vin, 130 francs de *pitance* (frais de nourriture animale) et 10 fr. 50 cent. d'huile.

Les moissonneurs, engagés par le proprié-taire, sont également nourris par le ramonet sur le pied suivant : pour trente journées d'homme, il reçoit 71 litres de blé, 3 litres de vin et 35 centimes de pitance. Lorsque le propriétaire ne veut pas prendre la nourriture des journaliers au compte de l'exploitation, il paye 1 franc en sus du prix de la journée. Les ouvriers font sept repas par jour ; trois sont légers ; ils ont de la viande à déjeuner, à dîner et à souper.

Le ramonet gagne de 10 à 100 francs de gages fixes ; il fait, en outre, quelques profits sur la nourriture des valets et des ouvriers étrangers à l'exploitation. Il mène ordinaire-ment une paire de mules ; c'est le plus habile

laboureur du domaine. Le chef des femmes
attachées à la propriété porte le nom de *mous-*
seigne; elle a de 10 à 15 francs de plus que
les simples journalières. La femme du ramonet fait la cuisine aux gens placés sous les
ordres de son mari. Ils tuent un cochon gras
par an, et le font saler; quelquefois ils achètent
une vache maigre, du prix de 60 à 80 francs,
ils en mangent une partie fraîche et font saler
l'autre portion. Le petit coin de terre que
leur concède le propriétaire, leur fournit les
légumes dont ils ont besoin; ils sèment, en
outre, dans les champs, 5 litres de fèves ou
pois par dépense.

Les propriétaires résidant à la ville, et qui
n'ont pas de régisseur, laissent le ramonet et
la mousseigne diriger le domaine comme ils
l'entendent. Ce système, en l'absence de tout
surveillant, a cela de vicieux, que la mousseigne, intéressée à faire augmenter le prix

de la journée, au préjudice du maître, ferme les yeux sur la négligence de ses ouvrières, pour ne pas se brouiller avec elles et courir le risque d'être changée; de son côté, le ramonet, dans la crainte que les laboureurs ne se plaignent au propriétaire de la mauvaise nourriture qu'on leur sert, se montre très-indulgent sur le pansement du bétail et l'exécution du labour : l'un et l'autre conspirent sourdement contre le propriétaire, lequel, faute de connaissances suffisantes des procédés agricoles raisonnés, est obligé de subir ces abus.

Le fermage est tout à fait exceptionnel dans le département, les habitudes du propriétaire répugnant à ce genre de contrat. Le défaut de solvabilité des fermiers n'a pas peu contribué à le frapper de discrédit.

Les baux à ferme sont généralement de

neuf ans. En entrant dans l'exploitation, le
preneur se charge, d'après une estimation
fixe, de tout le bétail qui y est attaché ; il en
doit rendre la valeur à l'expiration de son
bail ; de même, pour les pailles et fourrages
qu'il a trouvés dans la métairie.

Quant aux régisseurs, on ne les rencontre
que dans les domaines les plus considérables.
Ils ont la haute direction de tous les travaux
agricoles, sous les ordres du propriétaire,
qui réside ordinairement sur sa terre. Ils ne
prennent part à aucune opération manuelle ;
leur tâche consiste dans une surveillance générale des hommes et des choses de l'exploitation, et dans les opérations d'achats et
de vente auxquelles celles-ci donnent lieu.
L'exemple le plus remarquable de ce mode
de gestion existe sur la belle propriété de
M. Tapié-Mengaud, au château de Céleyran
(arrondissement de Narbonne).

ÉTENDUE ET COMPOSITION DES EXPLOITATIONS RURALES.

L'étendue des exploitations rurales du département varie, ainsi qu'il suit, dans les quatre arrondissements.

Dans le canton de Castelnaudary, les plus grandes métairies comportent de 70 à 75 hectares, et comptent 5 paires de labourage; les plus petites exploitations ont une seule paire de labourage, mais leur nombre est fort restreint; beaucoup de métairies se composent de 30 à 36 hectares.

Une exploitation de 36 hectares nourrit 3 paires de bêtes de trait, 2 ou 3 juments, 40 bêtes à laines et 2 ou 3 porcs, c'est-à-dire un peu plus de 13 têtes de gros bétail; elle entretient 3 hommes gagés, et, souvent en-

core, un quatrième, comme ressource dispo-
nible : dans les cas pressés, on emploie leurs
enfants.

Le mobilier de la ferme se compose des
objets suivants :

3 Charrues à 25 fr. chacune.....	75 fr.
3 Charrettes à bœufs de 150 fr...	450
1 Tombereau..................	60
1 Herse.....................	60
1 Rouleau à pointes...........	240
1 Charrette à 1 cheval.........	200
Ensemble..............	1,085

Indépendamment des houes à main, pelle-
versoirs, fourches, faucilles, faux et jougs.

A Rivals, canton de Salle-sur-Lhers, la
moyenne des propriétés est de 25 à 30 hectares; une exploitation de cette étendue pos-

sède 2 paires de bœufs, 30 bêtes à laine et une jument poulinière.

A Villemagne (montagne Noire), la proportion moyenne des exploitations est de 15 hectares en terres labourables, et 100 hectares en bois, prés et landes; on y entretient 200 moutons, 30 bêtes à cornes, une jument poulinière et une truie.

Dans le Razès (arrondissement de Limoux), l'étendue moyenne des exploitations comprend 70 hectares de terres arables; on y tient 3 ou 4 paires de bœufs de travail, une paire de vaches dont les veaux sont vendus pour la boucherie, 2 juments, 1 ou 2 poulains et une centaine de moutons ou brebis, soit l'équivalent de 23 têtes de gros bétail.

Dans l'arrondissement de Carcassonne, 40 hectares représentent l'étendue moyenne des propriétés rurales. Une métairie de cette importance possède 3 paires de bœufs ou de mules et 100 bêtes à laines, soit l'équivalent de 16 têtes de gros bétail. Le personnel de la ferme se compose d'un métayer et de 3 valets de charrue.

Dans les plaines de Brame et d'Alzonne, 60 hectares sont regardés comme la moyenne des exploitations. Dans les fermes de cette étendue, le personnel se compose de 4 laboureurs, du berger ou gardien du haras, et de 4 journaliers à l'année; on y trouve 4 paires de bœufs, un troupeau de 50 à 60 bêtes à laine et 5 ou 6 chevaux pour dépiquer, représentant ensemble 20 têtes de gros bétail.

A Ribaute (basse Corbière), pour 20 hectares, expression de la moyenne des propriétés, on tient une paire de mules et 50

bêtes à laine. Sur cette étendue de terrain, il
y a 15 hectares en terres cultivées; le reste se
compose de terres vagues.

Dans l'arrondissement de Narbonne, il
est un très-petit nombre propriétés très-
étendues; en revanche, on en compte beaucoup de 50 à 100 hectares. Pour 100 hectares dans la plaine, on n'a que 4 paires de
mules ou de bœufs et point de bêtes de rente.
Les débordements limoneux de l'Aude sup-
pléent à la rareté des engrais animaux. Dans
la garrigue, on remplace les bœufs par des
mules, et l'on tient des troupeaux de moutons que l'on nourrit avec les luzernes ache-
tées dans la plaine. La plupart des propriétés
qui sont situées dans la garrigue consistent,
pour les trois quarts de leur étendue, en
vignobles.

De ces relevés, il résulte que le départe-

ment de l'Aude doit être rangé parmi les départements où la moyenne culture domine.
La proportion du bétail y est bien inférieure
aux besoins de l'exploitation; d'où suit, comme
conséquence forcée, la nécessité d'une jachère
biennale, ou la ressource de friches considérables pour l'entretien des troupeaux.

CLÔTURES.

Il existait autrefois de nombreuses planta-
tions d'arbres établies le long des héritages
pour servir de clôture de séparation; mais, à
mesure que l'agriculture a fait des progrès,
on les a successivement diminuées; elles ten-
dent aujourd'hui à disparaître sur presque
tous les points du département. Dans la plaine,
on les remplace par des fossés. Dans la montagne, et principalement dans les Corbières,
on se sert de murs en pierres sèches pour former la division des propriétés. Un reproche

général pourrait être adressé à la plupart des
cultivateurs sur la négligence qu'ils apportent
à l'entretien des fossés; ceux-ci, dans beaucoup de propriétés, ne sont jamais curés
ni recreusés : aussi, après un certain laps
de temps, sont-ils presque entièrement comblés, et ne servent-ils plus à l'écoulement
des eaux. Un état de choses non moins regrettable, dans la partie montagneuse du
département, c'est que les terres ne soient
pas entourées de haies élevées; non-seulement elles aideraient à préserver les récoltes
de la dent des troupeaux, et à multiplier
les ressources forestières dans un pays où la
rareté du bois devient de jour en jour plus
inquiétante, elles auraient encore l'avantage
précieux de rompre la violence du vent, de
tempérer la rigueur du climat, et de pro-
téger ainsi la végétation de l'herbe, cette richesse principale du sol, qu'on pourrait singulièrement accroître à l'aide de soins intel-

ligents. Dans les terrains siliceux, le châtaignier, l'aubépine, le coudrier, le chêne, l'orme et le charme auraient de grandes chances de réussite; dans les localités plus humides que sèches, l'aune, le marsaule, le frêne devraient être préférés.

CONSTRUCTIONS RURALES.

Les bâtiments d'exploitation, sans être assujettis à un plan spécial dans chaque arrondissement du département de l'Aude, revêtent cependant un aspect particulier qui ne permet pas de les comprendre sous une même disposition générale. Autres, en effet, sont les constructions de la plaine, autres celles de la montagne.

Dans la partie basse du département, les bâtiments ruraux sont généralement isolés les uns des autres, placés sur une seule ligne

horizontale, du levant au couchant, et la fa-
çade tournée vers le midi. Construits en
moellons, avec pierres de taille pour les
ouvertures, ils sont tous couverts en tuiles
cannelées. Chez les uns, le logement du métayer occupe le rez-de-chaussée; chez les
autres, le premier étage. La maison d'habitation se compose de deux ou trois pièces,
et d'un galetas servant de grenier pour le
maïs. La cuisine, dans certaines localités, à
Castelnaudary par exemple, est la pièce la
plus voisine de l'étable à bœufs; le maître-
valet ou le métayer y couche le plus ordinairement, les valets logent dans une autre
pièce que celle de la famille des maîtres-
valets. Un lit, une table, 2 ou 3 armoires, des
bancs, les ustensiles de cuisine les plus in-
dispensables, un certain nombre de chaises
forment le mobilier de la plupart des exploitations. Dans les grandes métairies de l'arrondissement de Castelnaudary, les granges repré-

sentent de vastes hangars; elles sont garnies
d'autant d'arceaux qu'il y a de paires de bœufs
sur le domaine; elles servent à loger provisoire-
ment les gerbes de céréales; on y abrite ensuite
les fourrages et les charrettes. Chez beaucoup
de propriétaires, les étables ont une porte au
nord et une au midi; elles ont de 3 à 4 mètres
de hauteur, et chaque paire de labourage y
occupe un espace de 3 mètres environ. Les
râteliers, en bois, ont une inclinaison de 40
centimètres environ, et sont placés au-dessus
de la crèche en bois qui s'élève de 80 centimètres au-dessus du sol. Le four est généralement détaché des bâtiments de la métairie.
Le terrain destiné à l'aire à battre reçoit une
destination fixe dans la plupart des exploitations, et se trouve au-devant de l'habitation.
Le paillier, ou emplacement des meules de
paille, est situé tout auprès; non loin de là
gît le trou à fumier.

Dans la montagne Noire, les bâtiments sont construits en schiste ardoisier et couverts avec des ardoises grossières ; ils présentent généralement l'aspect d'un quadrilatère plus ou moins régulier. En entrant dans la cour, au rez-de-chaussée, se présente le logement du métayer; il se compose de deux pièces; l'une lui sert de chambre à coucher, l'autre de cuisine. Une huche pour serrer le grain, un buffet, une armoire, quelques ustensiles de cuisine appendus à une étagère, un bahut, une grande table en bois entourée de bancs, des morceaux de lard, des chaussures pendus au plafond, tels sont les objets qui garnissent la pièce principale; valets et filles de basse cour couchent dans la même pièce. Le fenil, placé au-dessus des étables, est percé, de distance en distance, d'ouvertures par lesquelles on jette le fourrage aux animaux. L'étable à bœufs fait face à la bergerie; au milieu de la cour se trouve le tas de fumier.

Le principal défaut de ces constructions
est de n'avoir pas un développement propor-
tionné aux besoins de l'exploitation. L'hor-
rible saleté qui y règne fait sentir d'avantage
les inconvénients d'un espace trop restreint
pour les animaux; sous le rapport de l'assainissement des étables, tout est à faire dans la
montagne Noire; beaucoup de métairies de la
plaine réclameraient des locaux plus spacieux,
et une meilleure distribution.

BIENS COMMUNAUX, GLANAGE, GRAPILLAGE.

La partie basse du département de l'Aude
est presque entièrement affranchie de communaux; on ne les retrouve que dans la
montagne. Dans certaines localités, la jouissance est commune entre les habitants du
territoire où ces biens sont situés. Sur quelques points de la montagne Noire, les bêtes
à laine envoyées sur les communaux payent

un droit de 5 à 10 centimes par tête ; ailleurs, on permet de défricher les communaux moyennant une légère rétribution : des prud'hommes estiment la quantité de terrain défriché et déterminent la somme à payer.

Le glanage, toléré dans tout le département, s'est métamorphosé en un abus criant dans plusieurs localités. A peine les moissonneurs ont-ils le temps de lier leurs gerbes, le champ est envahi par des troupes de femmes, et si le propriétaire n'est pas sur les lieux pour faire respecter son bien, le glanage devient un véritable maraudage. Ces irruptions, du reste, n'ont lieu que sur un petit nombre de points ; généralement, le glanage s'effectue avec modération ; les propriétaires le souffrent volontiers comme une aumône dévolue aux plus nécessiteux.

Il en est du grapillage comme du glanage.

Dans quelques communes, des essaims de maraudeurs n'attendent que le signal de la vendange pour disputer le raisin aux véritables propriétaires ; ils se tiennent à dix pas des vendangeurs et prennent tout ce qui leur tombe sous la main. Cette violation de la propriété est notoire à Fabrejean. Là où le propriétaire de vignes tient des bêtes à laine, on interdit sévèrement le grapillage, afin de réserver les pampres au troupeau.

OUVRIERS EMPLOYÉS À LA CULTURE DU SOL.

Il existe deux sortes d'ouvriers agricoles dans l'Aude : les solatiers et les journaliers. Les premiers représentent tantôt des travailleurs à la tâche, ayant quelques ouvriers sous leurs ordres, et, dans ce cas, ils se chargent d'exécuter certains travaux déterminés, moyennant un prix convenu ; tantôt ils sont assimilés à des ouvriers engagés pour l'année au service de l'exploitation ; c'est ce qui a lieu le plus ordinairement. Les seconds louent leurs bras à la journée.

Les solatiers et estivandiers ne se rencontrent que dans les arrondissements de Castelnaudary et de Limoux.

A Castelnaudary, les estivandiers sarclent les blés, fauchent, lient les gerbes *à deux pailles*, battent le grain, le nettoient et le portent au grenier, moyennant le dixième de la récolte, la paille non comprise : c'est le système généralement suivi. Le propriétaire traite directement et exclusivement avec les solatiers ; il n'a nullement à s'occuper des gages et de la nourriture des gens enrôlés en qualité d'aides par les solatiers : ceux-ci les ont entièrement à leur charge, surveillent leurs travaux et sont responsables de leurs œuvres. L'hiver, les solatiers reçoivent 75 centimes, et

90 centimes en été; pour le travail des vignes,
le fauchage des prés et les opérations de la
fenaison, on leur donne 1 franc 25 centimes
sans vin, ou 1 franc avec du vin. Les estivandiers mènent une vie très-pénible; leur répu-
tation de probité et de frugalité est justement
méritée. Ce sont de précieux auxiliaires de
l'exploitation. Pour peu que le propriétaire
les traite avec justice et humanité, ils s'atta-
chent aisément à lui et prennent à cœur ses
intérêts. Au temps de la moisson, chaque
estivandier est accompagné d'un lieur, qu'il
est chargé de fournir, et dont la dépense est
tout entière à sa charge. Si le vent d'autan
fait craindre pour la récolte, le propriétaire
peut adjoindre aux estivandiers le nombre
de journaliers qu'il juge à propos d'engager;
dans ce cas, ceux-ci sont payés par le propriétaire, mais l'estivandier les nourrit.

Les estivandiers sont, en général, attachés

à telle ou telle propriété et constituent une
partie de son personnel régulier. Il est cependant des localités, à Souillanelle, par
exemple, où des gens étrangers au domaine
traitent à forfait avec l'estivandier de tous les
travaux de la moisson et du battage des céréales ; moyennant le dixième des grains, ils
coupent et lient. Le propriétaire, de son
côté, rentre les gerbes et fournit les chevaux et les rouleaux nécessaires pour le dépiquage.

Dans le canton de Brame, le propriétaire se
charge ordinairement lui-même des travaux
de la moisson ; c'est-à-dire qu'il les fait exécuter
par ses estivandiers ou journaliers à l'année,
aidés des *volants* et des auxiliaires descendus, à
cette époque, des Pyrénées et de la montagne
Noire. Lorsqu'un propriétaire ne *lève* pas lui-
même sa récolte, il la donne à *lever,* moyennant le dixième du grain, à un ou plusieurs

de ses journaliers ordinaires, quelquefois à
des étrangers ; mais, dans ce cas, les journaliers ordinaires et volants sont tenus de travailler aux conditions arrêtées avec le propriétaire. La nourriture et les salaires des
gens engagés sont à la charge de l'estivandier,
qui devient ainsi un véritable entrepreneur
de moisson. Ses travaux consistent à couper
le blé, lier, mettre en meulons de 20 gerbes,
charrier la récolte sur l'aire avec les attelages
de l'exploitation, dépiquer avec les instruments et le haras fourni par le propriétaire,
vanner, dresser la paille en meules, rentrer
les balles de blé et porter le grain au grenier.
Ces travaux sont mieux exécutés quand le
propriétaire *lève* lui-même sa récolte avec ses
journaliers réguliers ; mais son but, en les
confiant à des étrangers, est de s'épargner
de l'embarras.

Dans la montagne Noire, la fertilité du sol

établit une différence dans la part prélevée par les estivandiers sur les récoltes de la plaine. Pour couper le seigle à la faucille, le battre au fléau et le rentrer nettoyé au grenier, ils ont, sur certains points, le sixième des grains, sur d'autres, le septième.

Dans l'arrondissement de Limoux, la journée du travailleur, pris parmi les estivandiers, se paye 80 centimes du 1er novembre au 1er mars; 90 centimes et un litre de vin en mars et en avril; en mai 1 franc et 2 litres de vin; pour faucher, 1 franc 25 centimes et 2 litres de vin; après le 15 août jusqu'au mois de novembre, 1 franc et 1 litre de vin.

Plusieurs fermes, dans cette circonscription, sont aussi données à l'*escoussure* : les blés au dixième, les seigles au neuvième, l'orge et l'avoine au huitième. Quelques cultivateurs sont dans l'usage de faire couper et recueillir leurs récoltes à leurs frais.

8.

Le prix du travail des simples journaliers
varie suivant la saison, le genre d'ouvrage et
surtout d'après les usages reçus dans chaque
localité.

A Castelnaudary, les journaliers, pour
couper les blés reçoivent 1 franc 50 centimes
par jour et sont nourris. Si le vent d'autan
menace, la journée se paye jusqu'à 3 francs.
Pour battre, ils gagnent de 1 franc 25 centimes à 1 franc 50 centimes, et on leur donne,
en outre, du vin. La journée ordinaire d'hiver
se paye sur le pied de 75 centimes, celle
d'été est estimée 1 franc.

La journée des femmes, à Castelnaudary, est estimée 60 à 75 centimes; dans
les villages, on ne leur donne que 40 à
50 centimes. Elles sont occupées au sarclage des récoltes et aux travaux de la fenaison.

A Cahuzac, moyennant la concession d'un hectare de maïs, dont la récolte se partage par égale portion entre le propriétaire et le travailleur, les journaliers sont tenus de donner leurs bras au propriétaire à chaque réquisition. Le prix de la journée se paye alors 60 centimes en hiver, 85 centimes en été, et, pendant les travaux de la récolte (8 jours environ), 1 franc. On ne nourrit les journaliers que lorsqu'ils coupent les blés.

A Villemagne (montagne Noire), lorsqu'on est abonné à l'année, la journée se paye 1 franc en été comme en hiver; les femmes ont 30 centimes en toute saison et sont nourries.

Dans l'arrondissement de Carcassonne, le prix des journées de travail varie, pour ainsi dire, de commune à commune. En hiver, les journaliers gagnent ordinairement 90 cen-

times; en été, ils ont depuis 1 franc jusqu'à
2 francs, et 2 litres 1/2 de vin ; pour la récolte des céréales, on les nourrit. La journée d'un faucheur se paye 1 franc 50 centimes, non compris le vin qu'il est d'usage
d'accorder. Quand on traite à forfait, le fauchage d'un hectare coûte de 4 à 5 francs et
8 litres de vin; les ouvriers travaillent *d'un
soleil à l'autre*. A Sigean, dans l'arrondissement de Narbonne, le bêchage et la taille des
vignes se payent 1 franc par jour; les fau-
cheurs gagnent 3 francs. Pour couper le blé,
on donne 1 franc 50 centimes et on nourrit
les journaliers; les femmes gagnent de 60 à
75 centimes. A l'époque de la maturité des
raisins, les prix varient. Ce sont, en général,
les Corbières, la Grasse, Tuchan, Montoumet, qui fournissent la population ouvrière
pour les travaux de la vendange dans l'arrondissement de Narbonne. Les femmes cueil-
lant le raisin gagnent 70 centimes par jour;

on leur donne, en outre, des pommes de
terre. ou des haricots à souper et à dîner;
elles se fournissent de pain et de vin; les
hommes occupés à charrier la vendange reçoivent 1 franc et sont nourris. A Sigean,
les vendangeuses gagnent 75 centimes; les
hommes ont 1 franc; ni les uns ni les autres
ne sont nourris. A Durban, les journaliers
gagnent 1 franc l'été, et 75 centimes l'hiver,
quand ils sont nourris; sans la nourriture,
on leur donne 1 franc 5o centimes en tous
temps. En général, on les nourrit l'été.

ENGRAIS ET AMENDEMENTS.

FUMIERS.

L'art de préparer et d'appliquer les engrais, est, pour ainsi dire, inconnu dans le
département de l'Aude. A peine citerait-on
trois ou quatre propriétaires chez lesquels la

confection des fumiers est l'objet d'un soin
tout particulier; dans la plupart des exploitations, ils sont traités avec une extrême négligence, qui ne fait qu'ajouter à la pénurie
d'engrais qu'on éprouve dans toutes les localités. Dire que la litière, après avoir sé-
journée plus ou moins longtemps sous les animaux, est jetée dans une fosse et mise en tas
sur le sol, exposée aux vents, au soleil et à
la pluie, c'est raconter ce qui se passe chez
l'immense majorité des cultivateurs, mais ce
n'est que montrer un coin du tableau. Par ce
qui précède, on devine qu'il n'existe point
dans les métairies de fosses pour recueillir
les urines des bestiaux, le purin s'échappe
des étables et va se perdre dans les cours,
ou transforme les chemins en cloaques. Dans
certaines contrées on fait pis encore. Dans la
plaine de Coursan, le fumier est jeté dans des
trous; chaque année, l'Aude, en débordant,
vient remplir ces fosses, lave les fumiers, en

emporte la partie essentielle, et, comme si l'on craignait encore qu'ils ne fussent trop chargés de principes fertilisants, on les retourne deux fois sens dessus dessous avec des fourches, avant de les porter sur les terres. Ainsi les champs ne les reçoivent qu'après que l'air a été largement fumé, et l'on s'étonne ensuite du peu d'effet que l'engrais produit sur les récoltes. Ailleurs, on se contente, pour toute préparation, d'accumuler le fumier contre un mur, sans le tasser ni le disposer en cube régulier; il reste exposé, pendant six et huit mois, à l'action de l'atmosphère.

Par exception, certains propriétaires, ne pouvant employer immédiatement leur fumier au sortir de l'étable, préfèrent le laisser en torchis dans la cour plus tôt que de l'accumuler en tas. Leur but, en agissant ainsi, est d'éviter les pertes résultant de la fermen-

tation; mais cette méthode, entre autres inconvénients, a le défaut de laisser l'engrais
sous l'influence du soleil, du vent et de la
pluie, qui, tour à tour, le lavent, le dessèchent
et le réduisent à l'état de litière, quand on le
porte sur les terres; à notre avis, on obtiendrait de meilleurs résultats, en plaçant le fumier sous un hangar ou, plus simplement
encore, en le couvrant d'un lit de terre, et
en l'arrosant, de temps à autre, avec le purin
qui s'échapperait du tas de fumier.

Dans la plupart des localités, le fumier
est transporté hors de la métairie à deux
époques, en avril ou mai, sur la jachère, et
en août ou septembre, pour être appliqué directement au seigle ou au blé. Ordinairement,
on le répand et on l'enfouit avec diligence; plus
d'un cultivateur, néanmoins, le laissent trop
longtemps en tas dans les champs et lui font
perdre ainsi ce qui lui reste de qualité.

L'habitude où l'on est dans l'Aude de fumer immédiatement les céréales, rend compte de la préférence accordée aux engrais décomposés sur les fumiers pailleux. La considération du sol n'entre pour rien dans ce choix; on s'y détermine uniquement par la crainte des semences de mauvaises herbes que le fumier frais contient en plus grand nombre que le fumier ayant séjourné en tas pendant six mois dans la métairie. Qu'il s'agisse d'une terre forte ou légère, on lui applique toujours un fumier décomposé; il en serait autrement, si l'on adoptait l'excellente pratique de réserver le fumier pour les récoltes sarclées et les fourrages annuels; on n'aurait plus à se préoccuper des mauvaises herbes; la houe à cheval, la végétation vigoureuse de la vesce, des pois, de la dragée, etc. en feraient justice, et l'on serait bientôt dans le vrai, en appliquant à chaque nature de sol les engrais qui lui conviennent le mieux.

Ordinairement les cultivateurs mélangent les fumiers provenant des bêtes de travail attachées à l'exploitation ; on ne fait d'exception à cette coutume que pour les fumiers de bergeries. Ceux-ci, dans beaucoup de localités, ne sont tirés de dessous les animaux qu'une seule fois par an; on trouve plus d'avantages à les conduire immédiatement sur les champs.

Les bêtes à cornes et les bêtes ovines sont celles qui fournissent la plus grande masse d'engrais aux cultivateurs de l'Aude; les chevaux, sous ce rapport, viennent en quatrième ligne, après les mules.

Le degré de fumure appliquée aux terres ne saurait être apprécié d'une manière exacte; il varie nécessairement dans chaque exploitation, suivant le nombre des animaux qu'on y tient et la manière dont ils sont nourris.

Ici, elle est de trente charretées, chacune de
10 mètres cubes, par hectare; là, on fume
dans la proportion de 18 à 20,000 kilogrammes par hectare; partout, la force de la fumure est au-dessous des besoins du sol, surtout avec les cultures épuisantes auxquelles
on le soumet.

Un seul propriétaire, dans le département,
se sert de la matière fécale pour fertiliser ses
terres. Cet excellent exemple, qui pourrait
être suivi dans une foule de localités, se rencontre dans la propriété de M. Dupré, à
Saint-Jean. Cet habile praticien tire la matière
fécale de Carcassonne. L'indifférence du con-
seil municipal, à l'égard de cet engrais précieux, lui permet d'exploiter à son profit ce
qui devrait constituer un revenu important
pour la ville. On lui abandonne la matière
fécale, à la seule condition de fournir les
attelages et les sceaux et barriques nécessaires

pour son enlèvement. Une fois rendue chez
lui, il la dépose dans un trou à chaux. Autrefois, il l'y laissait pendant deux mois environ, jusqu'à ce qu'elle fût devenue compacte;
mais aujourd'hui il trouve plus d'avantages à
y ajouter de la terre sèche, et à faire brasser
ce mélange. Lorsque la matière fécale est suffisamment desséchée, il la fait distribuer par
petits tas, à la surface du champ, comme le
fumier; on l'épanb à la pelle, suivi d'un coup
de râteau (la herse serait plus économique).
Appliquée aux prés, elle y a fait croître une
herbe très-abondante et remarquable par sa
finesse. M. Dupré la tient pour le plus énergique des engrais.

Indépendamment de la matière fécale que
tous les grands centres de population pourraient fournir à l'agriculture, et qui, bien
utilisée, transformerait bientôt la pauvreté
des champs en terres d'un admirable pro-

duit, le département de l'Aude possède encore une source presque inépuisable d'engrais,
dont personne ne soupçonne l'existence. En
visitant l'île de Sainte-Lucie, à l'extrémité sud
de l'arrondissement de Narbonne, nous avons
vu sur les bords de l'étang de Sigean un amas
considérable de varechs, dont la puissance n'a
pas moins de plusieurs mètres en certains endroits. Qui ne sait qu'en Bretagne le goëmon
est tellement prisé, que les populations du
littoral se le disputent comme un bien com-
munal, et qu'on ne craint pas d'exposer sa vie
pour en faire la récolte. Il ne rendrait pas
moins de services dans l'Aude qu'en Bretagne,
si on voulait l'utiliser, dût-on simplement le
mélanger avec les autres engrais; mais on l'a
à sa portée, et, dès lors, il est sans valeur.
Espérons, cependant, qu'un jour viendra où
cette ressource providentielle cessera d'être
considérée comme une matière inerte, et que
les cultivateurs des garrigues, déjà si pauvres

d'engrais, s'en serviront pour fertiliser leur sol. L'action du goëmon serait très-efficace dans les terrains siliceux et les terres fortes de l'arrondissement de Narbonne, pourvu, cependant, qu'elles ne continssent pas déjà une trop grande proportion de sel.

AMENDEMENTS.

MARNAGE ET ÉCOBUAGE.

La pratique du marnage n'est répandue que dans certaines communes de l'arrondissement de Castelnaudary, limitrophes de l'arrondissement de Limoux. L'exemple de quelques propriétaires intelligents, qui, au moyen de la marne, avaient converti des terres fort médiocres en terres d'excellente qualité, a beaucoup contribué à populariser le marnage. Cette opération jouit de la plus grande faveur dans le canton de Fanjeaux.

Dans ce pays, toutefois, ainsi que dans toutes les contrées où il a été récemment introduit, les avis sont partagés sur le marnage. La proportion de marne employée, mais surtout le système de culture adopté à la suite du marnage expliquent très-bien la divergence des opinions. Chez ceux qui s'en louent, on ne voit pas les récoltes de grains devenir le but presque exclusif de la culture; elles ont été immédiatement précédées de récoltes fourragères, qui d'abord ont réparé l'épuisement du sol, et ont posé ensuite les bases d'un assolement raisonné; la marne a été, pour eux, un moyen puissant d'établir un juste rapport entre les principes constitutifs du terrain, tandis que ceux qui la décrient l'ont considérée surtout comme un moyen de remplacer les engrais. Le retour fréquent des cultures granifères a été la conséquence de ce faux point de départ, d'où est résulté, en peu de temps, l'appauvrissement fâcheux du sol.

Une bonne direction dans l'emploi de la
marne, l'application opportune des engrais,
des récoltes fourragères rapprochées du marnage, et s'intercalant judicieusement avec les
céréales, eussent certainement mis tout le
monde d'accord sur le compte du marnage.
Excellent entre des mains habiles, on ne peut
nier qu'il ne puisse entraîner dans des dépenses infructueuses, lorsqu'on ne sait point
en faire une bonne application; mais c'est au
cultivateur inexpérimenté à s'en prendre à
lui-même : un bon instrument est-il à rejeter,
parce qu'on ne sait pas s'en servir?

La méthode le plus généralement suivie
pour appliquer la marne consiste à la déposer,
par petits tas, sur le sol laissé, à cet effet,
en jachère. Quand elle a subi l'influence de
l'atmosphère, et qu'elle est suffisamment dé-
litée, on la répand à la surface du champ, et
on l'enfouit ensuite par un léger coup d'a-

raire. La première récolte prise sur le marnage est généralement un blé.

Les doses employées par hectare varient,
pour ainsi dire, sur chaque propriété. Les
différentes natures de sol devraient déterminer la proportion de marne qu'on doit appliquer à chacun; mais l'usage adopté dans la
commune, et surtout l'exemple des voisins,
sont les règles d'après lesquelles on se dirige
la plupart du temps. Un terrain marné gagne
immédiatement un tiers en sus de sa valeur
primitive.

CHAULAGE ET ÉCOBUAGE.

Le chaulage des terres est complétement
inconnu dans l'Aude. Si nous en faisons men-
tion ici, c'est qu'il existe, sur les premiers
gradins de la montagne Noire, des bancs considérables de roche calcaire, dont on pour-

rait tirer un parti très-avantageux pour chau-
ler les terres de cette partie du département.
De nombreux fours à chaux y sont établis,
et personne n'a encore eu l'idée de s'en servir
au profit de l'agriculture ; la chaux, cependant, appliquée aux terrains siliceux de la
montagne Noire, les métamorphoserait en
peu de temps. De terres à seigle, rebelles au
sainfoin, et produisant à grand'peine le trèfle,
qui périt souvent déchaussé par les gelées,
elle en ferait des terres à blé, comportant la
plupart des récoltes fourragères, et les déli-
vrerait de l'écobuage désastreux auquel elles
sont si fréquemment assujetties.

L'écobuage, tel qu'il a lieu dans la montagne Noire, ne saurait être plus funeste au
pays où il s'exerce. A le voir considérer comme
tête de l'assolement, on serait tenté de croire
qu'il s'applique à des terres argileuses, froides
et tenaces, dont les défauts s'aggravent encore

de l'aspérité du climat; loin de là, c'est sur un sol siliceux, superficiel et sans consistance, et amené à l'état de poussière par la moindre sécheresse, qu'on le pratique; non pas accidentellement, mais à des époques périodiques; non pas pour y introduire des récoltes fourragères, mais pour en tirer tout ce qu'on peut en arracher avant d'abandonner le regazonnement à la nature; aussi, que résulte-t-il de cette méthode sauvage? des récoltes extrêmement chanceuses et une agriculture condamnée à languir dans un misérable *statu quo*.

L'écobuage ne s'exerce, en général, que sur les terres vagues, rarement sur de vieilles prairies. On écroûte avec la pioche; les tranches ont 5 centimètres d'épaisseur, on les dresse sur le sol, et quand elles sont suffisamment sèches, on en fait de petits fourneaux de 60 centimètre environ de largeur sur 50 de hauteur. On y introduit quelques brins

d'ajonc desséché, et l'on y met le feu vers le
milieu de juillet et dans les mois d'août et de
septembre. Les cendres sont répandues, avec
la pelle, à la surface du champ, et immédiatement enterrées par un léger coup de charrue.
Ce procédé varie lorsqu'on soumet à l'écobuage des champs garnis de genêts. Les genêts
arrachés, on les dispose sur toute l'étendue
de la pièce, et l'on y met le feu quand ils
sont suffisamment secs : ce n'est plus alors
qu'un brûlis qui bonifie le sol sans altérer ses
qualités physiques. Mais cette légère fumure
est loin de suffire aux récoltes multipliées de
seigle qu'on exige du sol qui a été occupé
pendant quatre ou cinq ans par les genêts ;
aussi est-on obligé de recourir à la jachère
pour soutenir ce détestable système, qui
aboutit, en définitive, à la ruine du terrain.
La plupart du temps, les genêts sont extraits
du champ pour être vendus aux chaufour-
niers de la montagne.

L'écobuage, dans certaines parties de la montagne Noire, est appliqué, fort judicieusement, à de vieilles prairies auxquelles, il n'y a pas longtemps encore, on n'osait toucher, sous peine de sacrilége. Quand elles sont usées au point de ne plus fournir qu'un maigre pâturage, on les défriche; les gazons sont brûlés; l'écobuage, dans ce cas, a pour mission de régénérer la prairie. La première année de l'écobuage, on prend un seigle; l'année suivante, on prend des pommes de terre, que l'on fait suivre d'une avoine, et celle-ci reçoit un semis de trèfle, à l'aide duquel on recompose la prairie. Lorsqu'on peut amener l'eau sur la prairie, le gazonnement s'opère rapidement. Le trèfle se coupe deux fois; ensuite il s'éclaircit de plus en plus, jusqu'à ce qu'enfin l'herbe l'étouffe complétement. Lorsqu'on donne un terrain à écobuer à des gens étrangers à l'exploitation, il est d'usage, sur les fonds de bonne qualité, de réserver au pro-

priétaire une quantité de seigle égale à la semence qu'on a mise par hectare. Tous les frais
d'écobuage, de culture et de récolte sont à la
charge du preneur; quand l'écobuage a lieu
sur prairies, on partage par parts égales. On
estime que les frais d'écobuage s'élèvent à
100 francs environ par hectare.

ASSOLEMENTS.

On peut réduire à quelques assolements
principaux les systèmes de culture suivis par
le plus grand nombre des agriculteurs du
département de l'Aude. Chaque région se
distingue par son assolement spécial. Ainsi,
dans l'arrondissement de Castelnaudary, l'assolement caractéristique du sud-ouest, blé,
maïs, jachère domine; dans la circonscription de Carcassonne, l'assolement biennal jachère et blé s'y combine parfois avec l'assolement triennal, qui règne dans la majorité des

exploitations; Narbonne compte deux sortes d'assolements : dans les terres de la plaine, l'assolement triennal, jachère, blé et avoine, dans la garrigue, l'assolement biennal blé et jachère. La montagne Noire a un assolement tout particulier; la rotation la plus suivie fait alterner le seigle avec la jachère pendant deux trois, quatre ou cinq ans, selon l'état du terrain, qu'on laisse en genêt pendant quatre ou cinq années consécutives. Enfin dans le Razès (arrondissement de Limoux), l'assolement le plus répandu est un assolement biennal où les récoltes sarclées se partagent le sol avec les fourrages et les céréales.

Examinons en détail chacun de ces systèmes. De courtes réflexions aideront à en saisir le mécanisme, et serviront à dresser le tableau de la situation agricole du département.

ARRONDISSEMENT DE CASTELNAUDARY.

1° Blé;

2° Maïs;

3° Jachère.

Supposons une exploitation moyenne du pays, composée de 30 hectares. Dans cette rotation, le blé occupe le tiers du terrain, soit 4 hectares; le maïs ne remplit que la moitié de la deuxième sole, soit 5 hectares; les 5 hectares restant sont destinés au trèfle ou à l'esparcet, qu'on a semé précédemment dans le blé. Les 10 hectares composant la troisième sole contiennent 5 hectares de trèfle ou d'esparcet à la seconde année, 1 ou 2 hectares en vesces et en fèves, ces dernières cultivées comme provision du ménage; 3 hectares restent en jachère pure. En dehors de l'assolement, on a généralement de 30 à 50 ares en pré non arrosé.

Le vice principal de cet assolement est facile à saisir. Comment expliquer la jachère après le maïs? Si la récolte sarclée avait été traitée avec soin, le sol ne devrait-il pas être meuble et exempt de mauvaises herbes? C'est le moins qu'on soit en droit d'attendre du maïs. Au lieu de cela, si l'on est forcé de recourir à la jachère pour disposer le sol à recevoir la céréale d'automne, celle-ci se trouvera grevée des frais de deux années préparatoires, partant, le bénéfice net de la culture sera considérablement réduit. Conseiller la suppression radicale du maïs paraîtrait sans doute une hérésie, dans un pays où la force du préjugé en faveur du maïs est telle, que les propriétaires ne trouveraient ni métayers, ni maîtres-valets, si on leur interdisait cette plante. En vain essayerait-on de démontrer qu'il y aurait plus d'avantage à renoncer au maïs pour s'attacher exclusivement à la culture du blé basée sur la production des four-

rages, ce serait peine perdue dans les circonstances actuelles; aussi préférons-nous engager
les cultivateurs à changer leur rotation trien-
nale en un assolement de six ans, qui pourrait
être conçu ainsi qu'il suit :

1° Vesces fumées:
2° Blé;
3° Trèfle;
4° Maïs;
5° Fèves avec 1/2 fumure;
6° Blé ou avoine d'hiver.

Dans une terre plus légère que forte et
contenant du calcaire, il serait préférable
d'adopter la rotation suivante :

1° Pois fumés;
2° Blé;
3° Sainfoin;
4° Id.
5° Maïs;
6° Orge.

Dans l'un et l'autre cours, une partie de la sole de maïs devrait être consacrée à une récolte racine, telle que pommes de terre ou betteraves destinées à l'alimentation du bétail; et pour être tout à fait maître de sa culture, il faudrait y joindre encore une sole de luzerne en dehors de l'assolement.

Dans cet arrondissement, la petite culture suit volontiers la rotation biennale blé et maïs dans les sols privilégiés; mais, même dans ces terrains exceptionnels, la récolte de blé, ainsi placée, laisse beaucoup à désirer pour le rendement, la qualité, et, il faut bien le dire, pour la propreté du sol.

ARRONDISSEMENT DE CARCASSONNE.

Dans cette circonscription, sur les terres légères, le blé alterne constamment avec la jachère; c'est l'enfance de l'art : la pénurie

de fourrages, l'absence de bétail de rente et
le nombre strictement indispensable des bêtes
de trait attachées à l'exploitation, donnent la
clef de ce misérable cours; il n'a qu'un côté
avantageux, c'est qu'il se prête immédiatement
à l'adoption d'une bonne rotation sans qu'on ait
de pertes à supporter pour passer à un meilleur assolement. La jachère, travaillée et fumée avec soin, il suffit de semer une récolte
fourragère dans le blé pour être, de prime-
saut, sur la voie d'une bonne agriculture.
Toutefois, tant que le cultivateur ne pourra
faire plus d'avances au sol, il fera mieux de
s'en tenir à la jachère biennale. Aidée d'une
légère fumure, elle a du moins l'avantage
d'établir une sorte d'équilibre entre les forces
du sol et la production qu'on en tire; avec
son retour aussi fréquent, l'épuisement complet du terrain n'est point à craindre : pauvre
ressource, mais, en fin de compte, ressource.

Les propriétaires dont la culture est en progrès ne s'astreignent point à une formule rigoureuse; l'état du sol, les ressources en fumier décident de l'assolement.

A La Grasse (Basse-Corbière), on suit, à peu de choses près, le même assolement que dans le canton de Periac (arrondissement de Carcassonne); on a :

1° Esparcet;
2° Id.
3° Id.
4° Id.
5° Blé;
6° Jachère;
7° Blé;
8° Jachère;
9° Seigle ou avoine fumée, après lesquels on revient à l'esparcet.

La jachère vient encore ici au secours du cultivateur; dans son esprit, tout serait perdu si les céréales ne reparaissaient tous les deux ans. Une chose mérite pourtant d'être signalée dans ce cours, c'est la fumure réservée judicieusement pour le grain dans lequel on doit semer la prairie artificielle; cette excellente pratique n'est pas toujours observée dans des pays où la culture est beaucoup plus avancée.

Dans la plaine d'Alzonne, l'une des plus fertiles du département, l'assolement varie entre les formules suivantes; les uns ont :

1° Jachère fumée;

2° Blé;

3° Esparcet;

4° Id.

5° Id.

6° Blé;

7° Blé;

8° Maïs;

9° Avoine;

10° Jachère fumée;

11° Blé;

12° Jachère;

13° Blé;

14° Maïs.

Les autres ne gardent l'esparcet que pendant deux ans, et ne prennent qu'un seul blé sur le défriché.

Quelques-uns remplacent la jachère de la douzième année par un trèfle dont la première coupe est convertie en foin, et la seconde est réservée comme porte-graines; d'autres, enfin, rentrent dans l'assolement blé, maïs et jachère après la dixième année.

La critique ici aurait beau jeu si elle voulait faire ressortir les vices de cet assolement dans une terre de promission qui se prête à toutes les cultures, et ne demanderait qu'à être conduite avec intelligence pour donner

les plus riches produits. Au lieu de cela, tous
les champs sont remplis de folle avoine, et le
rendement des récoltes est presque nul ; c'est
que, dans toutes les métairies de cette plaine,
le cultivateur est loin d'avoir le capital nécessaire à ses premiers besoins ; il n'a qu'un chétif bétail, mal nourri, mal soigné ; il vit au
jour le jour, sans ressources pour les travaux
les plus urgents. Aussi, à l'expiration de son
bail, est-il presque toujours plus misérable
qu'à l'époque où il est entré dans l'exploitation. La gêne extrême du cultivateur, telle est
la raison de l'assolement ci-dessus indiqué ; ce
qu'il lui faut à tout prix, ce sont des denrées
de commerce, il les demande avec rigueur au
sol et ne le tient quitte de ses exigences qu'a-
près en avoir tiré la dernière substance. Voilà
pourquoi les plaines de Brame et d'Alzonne
présentent un si triste aspect au voyageur
étonné.

Il serait facile, cependant, d'améliorer la
culture de ces localités; leur sol convient à
toutes les plantes, il se laisse travailler sans
peine quand on sait le prendre à propos ; que
lui faudrait-il donc ? des récoltes fourragères
établies sur de larges bases et un bétail assez
nombreux pour fournir les engrais nécessaires ;
il va sans dire que le cultivateur devrait pos-
séder en outre un fonds de roulement pro-
portionné à l'importance de son exploitation ;
comme on le voit, c'est toujours la suite
du long chapitre ayant pour titre : *deside-
randa*.

ARRONDISSEMENT DE NARBONNE.

L'assolement le plus suivi dans cette circonscription est l'assolement blé et jachère.
Quelques petits propriétaires sèment du blé
pendant quinze années consécutives sur la
même terre ; ils défoncent le terrain avec la

pioche, le fument très-souvent; malgré cela, leurs récoltes sont fréquemment mauvaises.

Dans la plaine de Coursan, plaine fécondée tous les ans par les dépôts limoneux de l'Aude, on a tantôt blé, blé et jachère; tantôt blé, avoine et jachère; quelquefois, mais rarement, blé, blé et avoine, puis jachère pour se débarrasser, si possible, des mauvaises herbes.

Pauvre agriculture, qui déshonore un pays aussi fertile où tout viendrait par enchantement, grâce aux débordements périodiques de la rivière, si le cultivateur n'ignorait les premiers éléments de son art.

Sur les luzernes défrichées, on prend ordinairement une avoine, un blé et une seconde avoine; la richesse du sol supporte parfaitement cette succession de céréales; mais, après ces cultures répétées, le terrain s'infeste tellement de mauvaises herbes, qu'il faut nécessairement recourir à une récolte sarclée ou même à une jachère, après laquelle on prend encore, sans fumure, un blé et une dernière avoine : est-il possible d'abuser davantage de la bonté du sol?

Quelques grands propriétaires, dans cette localité, agissent avec plus de modération; mais leurs assolements pèchent encore par le retour trop fréquent des céréales et la mauvaise combinaison des récoltes entre elles; la luzerne, chez eux, se cultive sur une grande échelle, on y trouve des pièces de 10 et 15 hectares qui donnent jusqu'à cinq coupes chaque année; mais les débordements limoneux de l'Aude, cause de leur étonnante végétation, les font souvent périr.

ARRONDISSEMENT DE LIMOUX.

Les seuls assolements qui méritent d'être mentionnés dans cet arrondissement sont les deux suivants, adoptés par plusieurs cultivateurs.

Dans la commune du Routier, on a :

1° Sainfoin ;
2° *Id.*
3° Blé ;
4° Jachère ;
5° 1/2 en seigle et 1/2 en blé non fumé ;
6° 1/2 en blé sur seigle fumé et 1/2 en jachère.
7° Maïs ;
8° Avoine ou orge.

La rotation suivante mérite d'être préférée :

1° Blé ;
2° Maïs sur pelleversage ;
3° Fèves fumées.

4° Avoine;

5° Sainfoin;

6° Id.

Enfin, dans la montagne Noire, on a tantôt :

1° Jachère;

2° Seigle;

3° Jachère;

4° Seigle.

Puis, friche et genêts pendant quatre ou cinq ans.

La mise en pâturage serait bien préférable au gazonnement, dont on laisse tout le soin à la nature; au lieu de cet assolement, qui n'a en vue que la production du seigle et une pauvre dépaissance, nous conseillerions volontiers cette rotation :

1° Pommes de terre fumées;

2° Avoine;

3° Trèfle;

4° Seigle;

5° Pâturage;

6° Id.

7° Seigle.

Elle aurait l'avantage de ne pas faire dé-
pendre l'existence du cultivateur d'une récolte
aussi chanceuse que le seigle; les pommes
de terre fourniraient un supplément de nourriture très-précieux pour les hommes, et, à
l'aide du trèfle et du pâturage, on pourrait se
livrer à l'élevage du bétail dans des conditions plus favorables que celles qui existent
aujourd'hui.

DEUXIÈME PARTIE.

CULTURE DES PLANTES.

Les plantes cultivées dans le département de l'Aude sont : le froment, le seigle, le méteil, l'orge, l'avoine, le sarrasin, le maïs, la pomme de terre, la betterave, les haricots, les fèves, le trèfle rouge, le trèfle incarnat, la luzerne, l'esparcet, les vesces, l'olivier, la vigne et le châtaignier.

CÉRÉALES.

FROMENT.

Le froment se cultive principalement dans la partie basse du département; la montagne Noire et les Corbières ne l'admettent que par exception, et seulement dans les vallons pro-

fondément encaissés et les localités protégées,
par des abris naturels, contre le climat sévère
qui règne sur les hauteurs de ces deux
chaînes de montagnes : leur région moyenne
ne comporte que la culture du seigle ou,
mieux encore, le système pastoral.

La variété de froment préférée dans l'Aude
est le blé rouge de Roussillon : on le tire de
la Salangue, principalement des communes
de Saint-Hyppolite, et de Saint-Laurent, dans
les Pyrénées-Orientales. Viennent ensuite,
parmi les variétés les plus estimées, le blé de
Narbonne, celui du Razès, entre Montréal et
Limoux, et les blés blancs de Beaufort et
d'Oupia dans l'Hérault.

Le Roussillon, blé barbu, a le grain fin et
bien nourri; l'hectolitre pèse de 75 à 80 kilogrammes. Il mûrit quinze jours plus tôt que
la *bladette*, autre espèce fréquemment culti-

vée dans le département, résiste mieux au
vent, est moins sensible aux gelées et se
montre moins difficile sur la qualité du sol.
Introduit depuis quelques années dans l'Aude,
il tend à se substituer entièrement aux autres
variétés de froment, bien qu'on le paye plus
cher. On lui reproche de s'abâtardir facilement, à tel point qu'il faut recourir, tous les
deux ou trois ans, au blé de la Salangue pour
régénérer la semence.

La riche plaine de Coursan, dans l'arrondissement de Narbonne; les terres profondes
d'Alzonne, Brame et Villepinte, dans les arrondissements de Carcassonne et de Castelnaudary; les alluvions de l'Aude près de
Limoux, sont celles qui offrent le plus de
chances à la réussite du froment dans le
département de l'Aude. Ces terrains réunissent, en effet, sous un climat chaud, les
meilleures conditions pour cette culture :

sol riche d'alluvion, à couche arable profonde, mélangé d'argile, de sable et de calcaire, dans cette heureuse proportion qui
permet de profiter des bienfaits d'une température élevée, et n'a rien à redouter d'un
soleil actif; terres vraiment exceptionnelles,
où la nature a tout fait et qui n'attendent que
le concours intelligent du cultivateur pour
produire les plus belles récoltes.

Au second rang des terres à blé du département, surtout sous le rapport de la qualité
du grain, on place communément le sol ar-
gilo-calcaire du Razès; au dernier degré de
l'échelle viennent se classer les terres plutôt
siliceuses qu'argileuses que la vigne n'a point
encore envahies, et où la production du blé
offrirait de bien faibles bénéfices, si la luzerne et l'esparcet n'en avaient, depuis longtemps, modifié la nature.

Dans le département de l'Aude, le blé succède tantôt à la jachère, tantôt aux fèves, à
l'esparcet, au trèfle, aux vesces, aux haricots, aux betteraves; dans la petite culture,
il remplace souvent le maïs; beaucoup de
cultivateurs le font revenir plusieurs fois de
suite sur lui-même.

Dans les terres fortes, la jachère est le
meilleur de tous les précédents pour le blé.
Ce n'est pas qu'il ne puisse y venir sans ce
procédé dispendieux; mais, avec les instruments imparfaits dont on dispose, le sol est
ordinairement si mal travaillé, on le laboure
généralement en temps si inopportun, que la
semence est rarement confiée à une terre bien
préparée; la jachère, dès lors, est à peu près
le seul moyen d'obtenir son ameublissement.
Les labours successifs qu'elle reçoit, l'action
de l'atmosphère sur les molécules terreuses,
la division du sol, des semailles faites à pro-

pos, voilà ce qui explique sans difficulté la réussite du blé sur jachère, réussite qu'on obtiendrait, du reste, d'une manière plus économique et non moins certaine avec une culture mieux entendue.

Les fèves sont partout une excellente récolte préparatoire pour le blé, sous la condition qu'elles auront été fumées, cultivées en lignes, sarclées et butées avec soin pendant leur végétation, et qu'on n'aura point permis aux mauvaises herbes de leur disputer le terrain. Malheureusement, dans l'Aude, il est rare qu'on les traite comme elles le méritent. Le plus souvent, la sole de fèves ne se fait remarquer que par son insigne malpropreté; les chardons, la folle avoine, la moutarde la dévorent; c'est une véritable pépinière de mauvaises herbes, et, comme il serait malséant de s'en prendre à sa propre négligence, on trouve plus simple d'accuser

les fèves de nuire à la production du froment; de là, l'injuste discrédit où cette excellente plante préparatoire est tombée dans
le département.

Après l'esparcet, le blé est toujours beau;
cette vérité a acquis, dans le département de
l'Aude, la vulgarité d'un proverbe. Sur différents points, cependant, on a tellement abusé
du retour fréquent de l'esparcet dans des
terres d'ailleurs imparfaitement préparées et
mal fumées, qu'on se plaint aujourd'hui d'un
rendement inférieur en grains après cet excellent fourrage ; moins d'avidité de la part
du cultivateur et des rotations plus judicieuses
doivent faire justice de ce reproche.

Après un trèfle, mais un trèfle bien réussi,
le blé ne laisse rien à désirer. La récolte fourragère est-elle mal venue, l'a-t-on renversée
par plusieurs labours, au lieu de la retourner

par un seul trait de charrue suivi de l'ensemencement du blé à la herse en temps opportun, il en est tout autrement. Cette différence de résultats, suivant les procédés mis
en usage, met d'accord partisans et détrac-
teurs de la culture du trèfle. Chez les uns,
fourrage net, bien garni, rompu à propos et
par une seule façon : belle récolte de blé.
Chez les autres, trèfle clair, infesté de mauvaises herbes, renversé par des labours multipliés, ordinairement mal exécutés : mauvaise récolte de blé; de part et d'autre, la
nature est logique, *cuique suum*. Aux yeux du
praticien habile, le trèfle sera toujours l'une
des plantes les plus précieuses de l'agriculture
raisonnée, celle à l'aide de laquelle on peut
se procurer le blé de la manière la plus économique.

Dans l'Aude, lorsque la luzerne a duré un
certain nombre d'années, il n'est pas rare de

voir prendre trois et quatre récoltes succes-
sives de blé sur le défriché; il est vrai, la
fertilité du sol n'y gagne pas, mais c'est là le
moindre souci du cultivateur; pour lui, point
de salut hors du blé; le sol est condamné à
n'avoir de merci que lorsqu'on aura tué la
poule aux œufs d'or.

Les vesces, dans les terres consistantes,
ne le cèdent guère aux fèves, comme précédent du blé. Dans les années ordinaires, il
suffit, pour ainsi dire, de les semer de bonne
heure dans une terre bien préparée et bien
fumée, pour assurer la réussite de la céréale;
leur propriété améliorante et l'excellente culture qu'elles permettent de donner au sol
après leur récolte, expliquent sans peine la
beauté du blé sur vesces.

Nulle part dans l'Aude on ne se plaint
des haricots, comme précédents du blé; la

demi-jachère que reçoit le sol après l'enlèvement des fanes, compense, et au delà, les
effets de cette récolte épuisante.

Le blé succède souvent aux betteraves dans
la partie sud du département; on se trouve
bien de la récolte-racine comme précédent,
toutes les fois que la semaille du blé a pu
s'effectuer en temps utile.

Blé, après maïs, est blâmé partout, et partout on suit cette détestable rotation dans les
localités où le système biennal est en vigueur.
L'enlèvement tardif de la récolte de maïs,
ayant pour conséquence forcée une préparation incomplète et souvent intempestive du
sol destiné au blé, il n'est pas étonnant que
cette céréale se solde en déficit. Mais combien de métayers tiennent absolument à leur
sole de maïs et, qui pis est, à faire succéder
le blé au maïs; de là, le rendement infime de

la récolte principale dans des terres de première qualité où, par suite de ce détestable
système de rotation, le propriétaire trouve à
peine de quoi faire face à ses besoins.

La préparation du sol destiné à être en-
semencé en blé, offre beaucoup de simili-
tude dans les divers arrondissements.

Lorsque la jachère précède le blé, le terrain reçoit trois, quatre et jusqu'à cinq labours dans quelques localités. Est-il nécessaire de le dire? Dans ce département, comme
presque partout, la jachère est fort mal travaillée; il semble qu'elle doive, avant tout,
servir de nourriture au bétail. Sous l'empire
de cette préoccupation, on n'ouvre le sol que
fort tard, et l'on croit avoir réglé ses comptes
avec lui, quand on lui a donné, tant bien
que mal, le nombre de labours consacré par
l'usage de la localité. De là, le proverbe ab-

sarde : chaque labour fait sa semence; de là
aussi ces champs de blé infestés de mauvaises
herbes, ces récoltes chétives, qui, mieux que
tous les proverbes, prouvent que ce ne sont
pas les labours multipliés qui font les moissons, mais plutôt la qualité et l'opportunité
des cultures appliquées au sol.

Après les fourrages, on donne rarement
moins de deux façons au terrain. Dans les
exploitations bien conduites, on se contente
de retourner le chaume des prairies artificielles par un seul labour suivi de hersages;
cette méthode excellente devrait être adoptée partout, à la condition d'employer l'extirpateur lorsque la herse ne pourrait pas
fonctionner utilement.

Au sud du département, les terres qui doivent porter le blé sont labourées généralement à plat; à mesure qu'on se rapproche du

département de la Haute-Garonne les sillons
prédominent; le terrain est divisé en sillons
de 2 mètres et 1/2 à 3 mètres de largeur. Cette
disposition vicieuse se rencontre surtout dans
l'arrondissement de Castelnaudary.

A l'exception d'un petit nombre de propriétaires chez lesquels l'agriculture est en
progrès, tous les cultivateurs du département
de l'Aude réservent leur fumier pour l'appliquer directement au blé. L'engrais, au moment
d'être conduit sur les champs, compte six
mois de séjour dans la métairie; on l'enfouit
ordinairement par le dernier labour.

La semence, avant d'être mise en terre,
est généralement soumise à une préparation
dont les procédés varient suivant les localités.
Ici, c'est la chaux qu'on emploie; là, c'est
l'arsenic, qui passe pour un préservatif de la
carie; ailleurs, on fait usage du sulfate de

cuivre; dans certaines exploitations, on néglige
toute précaution contre la carie, qui n'en sévit
qu'avec plus d'intensité sur les récoltes. Le
mode le plus généralement suivi est le sulfa-
tage; presque tous ont recours à l'aspersion
malgré l'exemple de quelques propriétaires
qui préfèrent avec raison l'immersion comme
plus efficace. On emploie communément 500
grammes de sulfate de cuivre dissous dans
l'eau bouillie par hectolitre de blé. Le sulfate
de soude, avec addition de chaux, est le plus
efficace de tous les préservatifs employés
contre la carie; il mériterait d'être substitué
partout aux composés dangereux en usage
dans les campagnes.

L'époque de la semaille varie beaucoup,
selon l'orientation du département. Dans l'arrondissement de Castelnaudary, on regarde
comme la meilleure époque pour les semailles
de blé, les dix jours qui précèdent et les dix

jours qui suivent la Toussaint; il n'est pas rare
pourtant de les voir commencer au 20 octobre
et se prolonger jusqu'au commencement de
décembre; c'est ce qui a lieu à Villasavary,
par exemple. A Rivals, on sème du 15 au
30 octobre; à Cahuzac, les semailles commencent dans la première semaine d'octobre
et se terminent ordinairement dans la première
quinzaine de novembre. Dans la plaine de
Brame, on sème du 15 octobre au 15 novembre.
Dans l'arrondissement de Limoux, le mois
d'octobre tout entier est consacré aux semailles
du blé; à Carcassonne, on sème depuis le
1er octobre jusqu'au 15 novembre; enfin, dans
l'arrondissement de Narbonne, certains propriétaires sèment leur blé quinze jours après
la Saint-Michel jusqu'en novembre; d'autres,
quinze jours avant et quinze jours après la
Toussaint; quelquefois, on y sème encore le
blé à la fin de décembre, mais ce n'est qu'un
cas accidentel. A Narbonne, comme dans le

reste du département, les semailles faites
de bonne heure, c'est-à-dire du 10 au
25 octobre, sont regardées comme l'un des
plus sûrs moyens de se procurer une bonne
récolte; on a soin d'ensemencer plus tôt les
sols pauvres, les sols riches ou fortement fumés supportant plus volontiers une semaille
retardée.

Dans tous les arrondissements, on sème le
blé à la volée; on répand depuis 1 hectolitre
50 litres jusqu'à 2 hectolitres 50 litres de grains
par hectare : 2 hectolitres par hectare peuvent
être regardés comme la proportion le plus généralement usitée. Le changement de semence
est rigoureusement observé dans le département. Tous les deux ou trois ans, le cultivateur va chercher, aux lieux mêmes de production, la quantité de grain qui lui est nécessaire
pour se procurer, l'année suivante, tout son
blé de semence : les qualités les plus recher-

chées, sous ce rapport, sont celles de la Sal-
langue, du Razès et de Narbonne.

Le blé semé est ordinairement enfoui à
8 ou 10 centimètres de profondeur, à l'aide
d'un araire léger appelé *dental*. L'emblavement
est tantôt précédé, tantôt suivi de l'émottage à
bras par des femmes, opération longue, pé-
nible et dispendieuse, qu'on remplacerait avec
grand avantage par l'action combinée de la
herse, de l'extirpateur et du rouleau; mais,
sauf un petit nombre de propriétaires auxquels ces instruments rendent des services
importants, qui se doute, dans l'Aude, qu'on
puisse les employer à la préparation du sol?
N'a-t-on pas la charrue, qui dispense de toutes
les inventions modernes, s'écrient en chœur
les partisans exclusifs de tout ce qui a la
consécration du temps? En vain objectez-vous
au cultivateur sa lutte désespérée contre un
climat très-chaud, contre les inconvénients

d'un sol qui se calcine promptement aux ar-
deurs du soleil, et qu'il faut attaquer dans
un temps donné, sous peine de ruiner en
pure perte instruments et attelages, et de faire
un détestable travail. Soins inutiles ! L'émottage est la panacée souveraine, il fera ce que
la charrue n'a pu accomplir ; oui, sans doute,
mais c'est au détriment de la bourse du cultivateur et au préjudice de la terre, qui, par
ce moyen insuffisant, ne reçoit que des façons incomplètes, souvent contrariées par
l'état de l'atmosphère, et dont il ne faut pas
perdre un seul instant de vue l'exécution.

Lorsque les travaux des semailles sont
achevés, on s'occupe de tirer des raies d'écoulement à travers la pièce de blé. Toutefois,
il est plus d'un cultivateur qui néglige cette
opération complémentaire, dont souvent dépend le sort de la récolte; aussi, les résultats
de cette incurie ne se font-ils guère attendre

lorsque l'hiver est pluvieux. Des récoltes sub-
mergées, des blés jaunes et chétifs, le développement des plantes adventices à racines
traçantes, les plus difficiles de toutes à détruire, voilà les conséquences certaines du
défaut d'écoulement des eaux : on ne saurait
nier qu'en maint endroit le département ne
laisse encore à désirer sur ce point important.

Un autre reproche qu'on serait encore en
droit d'adresser aux cultivateurs, en envisa-
geant l'ensemble de leur agriculture, c'est le
peu de soin donné à la récolte quand le printemps est venu. On citerait aisément les rares
propriétés où la herse passe sur les blés lors du
réveil de la végétation. Quel bon effet cependant le hersage n'opère-t-il pas, soit en brisant
la croûte du sol, soit en rechaussant les plantes,
en favorisant le développement des talles et
faisant profiter les racines des bienfaits de

l'atmosphère ? Plusieurs praticiens hersent
leurs blés, s'en trouvent fort bien, et le disent
à qui veut les entendre ; mais, autour d'eux
personne, n'ose les imiter. Une seule précaution doit être observée dans l'opération
du hersage, à savoir, de mettre l'instrument
dans le champ au moment opportun, quand
la terre, ni trop sèche, ni trop humide, se
laisse facilement diviser et pulvériser par les
dents de la herse. Cette règle suivie, il ne faut
pas craindre d'agir vigoureusement. Plus le
hersage sera énergique, meilleurs seront ses
résultats. Sous l'influence d'une terre meuble
qu'échauffe et féconde l'atmosphère, le blé
prend, en peu de jours, la couleur d'un vert
foncé ; ses racines se développent et ses tiges
latérales se produisent avec force. Le hersage
du blé au printemps est un progrès réclamé
par l'agriculture du département et qu'on peut
réaliser avec une extrême facilité. Il va sans
dire que, dans les terres sujettes à être sou-

levées par les gels et dégels successifs, le
hersage, loin d'être utile, ne ferait qu'ajouter
aux inconvénients de cette nature de terrain;
aussi, convient-il, dans ce cas, de remplacer
la herse par l'action du rouleau, comme cela
se pratique déjà dans certaines exploitations;
malheureusement, les instruments défectueux qu'on emploie pour raffermir le sol, ne
remédient qu'imparfaitement au déchausse-
ment de la récolte.

Généralement, on est dans l'usage de sar-
cler les blés dans le courant d'avril et jusqu'en mai. Cette opération, dont l'influence
sur la récolte pendante et celle qui doit
lui succéder est incontestable, s'exécute partout fort mal : d'une part, on y recourt trop
tard; de l'autre, le sarclage s'exécute avec
une extrême négligence par les ouvriers.
Quand ceux-ci ont passé une fois dans la
pièce de blé, on ne s'inquiète plus des mau-

vaises herbes, on suppose que le fer des
sarcleuses les a détruites. Or, il arrive qu'un
beau jour la folle avoine, les moutardes, l'a-
grostide, les coquelicots, les gesses, les
chardons, et cette innombrable légion de
plantes envahissantes qui surgissent de toutes
parts et dominent la récolte, apprennent au
cultivateur que le sarclage n'a été accompli
que pour mémoire, et que, l'année suivante,
il y aura double frais à supporter pour cette
façon primitivement mal surveillée. L'action
de la herse serait encore ici un bon moyen
de se débarrasser des mauvaises herbes; en
tous cas, elle économiserait largement la
main-d'œuvre des sarcleuses appelées à compléter l'opération, si le besoin s'en faisait
sentir.

L'effanage est une pratique exceptionnelle
dans l'Aude. On se borne à faire passer rapidement le troupeau dans la sole de blé,

quand celui-ci s'emporte aux premières chaleurs; cet accident, du reste, se produit rarement. On a remarqué que l'effanage ren-
dait l'épi plus court.

L'époque de la moisson varie suivant les
localités. Dans l'arrondissement de Castelnaudary, on coupe le blé depuis la fin de juin
jusqu'au 10 juillet; dans celui de Limoux, la
moisson a lieu du 20 au 25 juin; à Carcassonne, du 25 juin au 1er juillet; à Lagrasse,
suivant les expositions et les hauteurs, l'é-
poque de la moisson varie du 20 juin au
15 juillet; dans l'arrondissement de Narbonne
on moissonne entre le 15 et le 20 juin.

Jusque dans ces dernières années, on n'em-
ployait que la faucille, pour couper le blé,
dans le département de l'Aude; aujourd'hui
encore, c'est l'instrument adopté dans la plupart des exploitations; mais, sur presque

tous les points, la faux commence à s'introduire. La rareté des bras, de plus en plus
sensible; la valeur de la paille, mieux appréciée, et, par-dessus tout, la nécessité de
mettre promptement la récolte à l'abri des
intempéries de l'atmosphère, achèveront de
faire entrer dans la bonne voie les cultivateurs, auprès desquels l'empire seul de
l'habitude recommande la faucille. Grâce à
l'exemple donné par des propriétaires éclairés, l'usage de la faux ne semble plus qu'une
question de temps.

Dans les propriétés de moyenne étendue,
on a reconnu l'avantage de ne pas attendre
la maturité complète du grain pour moisson-
ner, et l'on coupe un peu sur le vert; chez
les petits cultivateurs, ce progrès n'est pas encore réalisé; on attend que le grain ait tout
à fait complété sa maturité pour l'abattre.
Dans l'arrondissement de Castelnaudary, aus-

sitôt que le blé est coupé, on lie avec un seul lien emprunté à la paille même de la gerbe, et la récolte est laissée sur le sol, pendant 10 et 15 jours, par tas de 12 à 14 gerbes croisées les unes sur les autres. Dans les autres arrondissements, on lie de même, immédiatement après avoir coupé ; mais les gerbes ne restent qu'une huitaine de jours sur le sol, et l'on dispose la récolte en meules ou *monts*, dont la grosseur varie.

Lorsque la dessiccation est achevée, on porte la récolte près de l'aire, et on l'y dresse en *gerbier* jusqu'à ce que le moment de dépiquer soit venu. Cette opération s'effectue dans le courant de juillet.

Deux méthodes de dépiquage sont en vigueur dans le département : l'une consiste à extraire le grain, en faisant fouler la récolte par des mules ou des chevaux : c'est le dépi-

quage proprement dit. Longtemps il a régné
exclusivement dans l'Aude. Il s'opérait à l'aide
de mules entretenues sur les exploitations, ou
bien au moyen de chevaux camargues, tirés
momentanément de leur vie sauvage pour être
soumis à ce rude exercice. Des propriétaires de
chevaux camargues parcouraient tour à tour
les métairies, se chargeant du dépiquage de
la récolte à prix d'argent, ou, plus souvent,
moyennant une redevance en nature prélevée sur le grain dépiqué; mais aujourd'hui
ce vieil usage, importé sans doute dans les
Gaules par les Romains, cède peu à peu le
terrain au dépiquage par le rouleau. Ce dernier système, entre autres mérites, a celui
de laisser moins de grains dans l'épi, d'ap-
porter une économie notable dans la dépense
du dépiquage, et surtout d'épargner aux animaux une fatigue excessive : avantages précieux, que l'on doit souhaiter à toutes les
exploitations où la culture des céréales offre

une certaine importance; mais qui, dans
notre pensée du moins, ne sont qu'un moyen
transitoire d'arriver aux machines à battre,
quand les progrès de la mécanique permet-
tront de livrer ces machines perfectionnées à
des prix en rapport avec la bourse de la
moyenne propriété.

Après le dépiquage, le procédé ordinaire
pour nettoyer le blé consiste à jeter le grain
au vent, *quand il en fait*. L'atmosphère est-
elle calme, les travaux de ventilation sont
suspendus; on ajourne alors l'opération au
lendemain; mais le temps du lendemain est
encore incertain. Il arrive parfois qu'au lieu
du vent, sur lequel on comptait, on a la pluie;
la récolte la reçoit; et, malgré toutes les précautions, elle en subit les conséquences et
se trouve dépréciée. Ces inconvénients se re-
produiront tant qu'il plaira au cultivateur de
se soumettre aux caprices du vent. Il lui serait

facile de s'y soustraire en adoptant le tarare, instrument peu coûteux, dont un certain nombre d'exploitations sont déjà pourvues dans l'Aude.

Le rendement moyen de l'hectare en blé ne varie pas beaucoup dans le département. A Castelnaudary, on l'estime à 8 ou 10 pour 1. Dans les très-bonnes années, on s'estime heureux d'obtenir treize à quatorze fois la semence.

Dans le Razès, arrondissement de Limoux, on compte sur dix fois la semence.

Dans l'arrondissement de Carcassonne, on cite les chiffres suivants : dans les terres sèches de Carcassonne et de la Grasse, 6 à 7 pour 1 ; dans les excellentes terres de la plaine d'Alzonne, 11 à 12 seulement.

Dans la plaine de Coursan, on ne compte guère, en moyenne, que sur un rendement de dix fois la semence; à Sigean, on a de 8 à 10 pour 1 ; à Durban, on a six à sept fois la semence.

La moyenne de tout le département serait donc huit fois la semence, soit 16 hectolitres par hectare ; rendement très-faible, si l'on songe que le département de l'Aude possède peut-être les meilleures terres à blé de la région du sud-ouest, dans la plaine de Coursan et le bassin si riche d'Alzonne et de Brame. Un chiffre aussi minime est l'indice le plus certain d'une agriculture peu avancée, et la critique la plus amère de la base sur laquelle elle repose. On peut en résumer les défauts dans l'énumération des griefs suivants : pénurie d'engrais, sol imparfaitement travaillé, sarclages mal exécutés, rotations vicieuses, et, finalement, proportion désordonnée entre la culture des grains et la production des four-rages artificiels.

SEIGLE.

Le seigle remplace le blé dans les mon-tagnes du département connues sous le nom de montagnes Noire et Corbières; dans la plaine, il n'apparaît que de loin en loin, et seulement sur les terres les plus médiocres; sa culture y est, pour ainsi dire, exception-nelle. L'hectolitre pèse de 72 à 75 kilogr.

Dans la montagne, le seigle succède tantôt à une jachère de deux ans, tantôt à des genêts qu'on laisse sécher pendant cinq et six ans. Dans le premier cas, le sol est préparé par trois ou quatre labours; dans le second cas, il ne reçoit qu'un seul labour, après avoir été soumis à l'écobuage

Les semailles du seigle ont lieu, dans tout
le département, du 1er au 30 septembre.
L'élévation des lieux et la rigueur du climat
sont les principales causes qui déterminent le
cultivateur à semer plus tôt ou plus tard.

Dans la montagne Noire, on est dans l'u-
sage de porter le fumier sur le troisième labour; cela fait, on répand la semence dans
la proportion de 230 litres par hectare, et
l'on enfouit le tout par un coup de charrue.
On trouve que ce procédé défend mieux la
plante contre le froid, et la soutient mieux
au moment de la formation du grain.

L'hiver, la plupart des cultivateurs ont la
mauvaise habitude de faire pâturer le seigle
par les bêtes à laine. La pénurie des fourrages
en magasin, telle est l'origine de cette détestable pratique, qui aboutit, en définitive, à
une mauvaise récolte de grains, sans offrir

une ressource réelle au troupeau. On se trou
verait mieux, à tous égards, d'affecter aux
bêtes à laine une sole spéciale destinée à être
mangée en vert au printemps; l'exploitation
y trouverait l'avantage d'un fourrage excellent, très-précoce, acquis à peu de frais et
sans épuisement du sol; elle se procurerait,
en outre, à l'aide de cette nourriture abondante, une quantité notable d'engrais.

Nulle part le seigle n'est sarclé ou hersé
au printemps; aussi les mauvaises herbes n'y
font-elles pas défaut.

Presque partout on se plaint des gelées
tardives qui compromettent souvent la récolte.
Pour en prévenir, autant que possible, les fâcheux effets, plusieurs cultivateurs tirent leur
semence des parties les plus élevées de la
montagne Noire; le seigle y fleurit plus tard;
transporté dans les parties plus basses, il s'y

montre plus tardif dans sa floraison que le
seigle de la localité, et il a ainsi plus de chances
d'échapper aux gelées blanches.

Le seigle se coupe ordinairement avec la
faucille, du 15 au 30 juin; on le lie aussitôt
que la paille est suffisamment sèche. Du reste,
la récolte se traite de la même manière que
celle du blé; on la bat au fléau dans le courant de l'hiver. On évalue le rendement moyen
du seigle à six ou huit fois la semence.

AVOINE.

La culture de l'avoine ne joue qu'un rôle
secondaire dans le département de l'Aude.
L'avoine d'hiver est la seule qu'on y sème, les
variétés de printemps n'ayant aucune chance
de réussite, à cause de la sécheresse du climat.

L'avoine noire est partout préférée; l'hectolitre pèse de 50 à 55 kilogrammes.

L'usage le plus général est de faire succéder l'avoine à une céréale d'hiver, blé ou seigle. Quel que soit le degré d'épuisement du sol, tel mal préparé que soit le terrain, on l'estime suffisant pour l'avoine. Aux yeux du cultivateur, la rusticité de ce grain semble dispenser de tous frais à son égard. Un seul labour préparatoire, souvent même un seul coup de charrue pour enterrer l'avoine semée sur le chaume du blé non retourné, telle est la pratique la plus ordinaire suivie pour la culture de l'avoine dans l'arrondissement de Castelnaudary. Ailleurs, on fait plus de frais ; on la sème parfois dans de bons fonds, après deux labours préparatoires.

Les semailles s'effectuent, dans la plupart des localités, vers la fin de septembre ou les premiers jours d'octobre ; cependant, plus d'une fois, on commet la faute d'ensemencer le blé avant l'avoine, alors qu'il est d'expé-

rience dans le pays que l'avoine d'hiver ne
réussit qu'autant qu'elle est mise en terre de
bonne heure; celle qu'on sème à la fin de
janvier et dans le mois suivant est une récolte
livrée à toutes les chances de la température.
Le proverbe agricole « avoine de février remplit le grenier » ne s'applique nullement au
midi de la France. On sème dans la proportion de 3 hectolitres à 3 hectolitres 5o litres
par hectare; la semence est recouverte par
un coup de dental.

Ni herse ni rouleau ne passent sur l'avoine
au printemps. Le sarclage, à notre connais-
sance du moins, n'est en usage que dans la
basse Corbière, encore n'y est-il pas généralement pratiqué.

**La récolte de l'avoine s'opère, tantôt en
même temps que le blé, tantôt huit ou quinze
jours plus tard, selon que le grain a été semé

en septembre ou en octobre. On coupe un
peu sur le vert. Contrairement aux habitudes
du Nord, les cultivateurs de l'Aude n'attendent pas, pour rentrer l'avoine, qu'elle ait
subi la détestable opération d'un javelage pro-
longé. Suivant l'état de l'atmosphère et le degré de dessiccation de la plante, on laisse les
gerbes pendant cinq ou six jours dans le
champ, en les dressant sur le sol et en les ap-
puyant les unes contre les autres; on les en-
tasse ensuite en *monts* de 25 gerbes. Le plus
souvent, quand le beau temps favorise la
moisson, on rentre le lendemain même du
jour où l'on a coupé.

Le battage s'effectue en juillet par le rouleau ou les pieds des mules ou des chevaux.
Le rendement moyen de l'avoine est porté à
dix ou douze fois la semence; on s'estime
fort heureux quand on obtient 35 hectolitres
par hectare dans les bons fonds.

ORGE.

L'orge ne figure que pour mémoire dans
la série des plantes agricoles de l'Aude. A
peine en rencontre-t-on quelques pièces dans
les vallées les plus méridionales du département, et cependant presque toutes les exploitations entretiennent une ou deux paires de
mules auxquelles ce grain convient parfaitement. Mais qui s'aviserait de lui donner cette
destination quand on peut se contenter de
foin grossier pour la nourriture de ces bêtes
de travail? A notre avis, l'orge devrait occuper une place importante dans l'agriculture
du département, en raison de son climat et
du genre d'animaux affectés à la culture du
sol du département de l'Aude. Elle convien-
drait beaucoup mieux, par exemple, que
l'avoine, qu'on lui préfère généralement; mais
avec la faible dose d'engrais qu'on applique

au sol, et les mauvais assolements auxquels celui-ci est encore soumis, l'orge ne ferait qu'ajouter aux vices d'une culture arriérée; mieux vaut donc se contenter de la rusticité de l'avoine en attendant qu'on soit en mesure de la remplacer par l'orge, plante plus profitable, mais aussi plus exigeante sous le rapport de la fécondité du sol et de sa préparation.

L'orge à quatre rangs est la seule variété introduite dans le département; elle succède ordinairement à un blé et se sème vers la Saint-Michel. La récolte a lieu à la fin de juin; on obtient huit à dix fois la semence.

SARRASIN.

Le sarrasin n'est cultivé que dans la partie montagneuse du département; on le rencontre particulièrement à Marsa, Axat, Jaucou, sur le plateau de Sault. Dans ces communes, le sarrasin sert souvent à utiliser la jachère qui précède le blé. On prépare le sol par plusieurs labours; vers la Saint-Jean on répand la semence dans la proportion de cent litres environ par hectare. On coupe avec la faucille quand la plupart des grains sont noirâtres. La récolte est très-casuelle, dans ces hautes régions surtout, où le froid, la pluie et les vents violents constituent un climat très-rigoureux sous le ciel du Midi. Plusieurs propriétaires font consommer le sarrasin en vert par leurs troupeaux de bêtes à laine : ces animaux en sont très-avides, mais il leur occasionne l'enflure des parties de la tête.

RÉCOLTES SARCLÉES.

MAÏS.

Le maïs n'est une récolte importante que dans l'arrondissement de Castelnaudary, et

certaines communes de l'arrondissement de
Carcassonne et de Limoux confinant à cette
circonscription ; dans le reste du département,
il n'occupe qu'une étendue de terrain fort
restreinte.

Dire que le maïs est cultivé sur une grande
échelle dans l'arrondissement de Castelnaudary, c'est signaler la cause principale du
mauvais système de culture qu'on y suit. On
sait déjà que cette plante est la première de
toutes aux yeux du métayer et des maîtres-
valets ; il n'est rien qu'ils ne lui subordonnent.
Ils lui empruntent, il est vrai, leur principale
nourriture. Le maïs leur vient considérablement en aide pour la nourriture verte du
bétail ; il fournit encore une bonne nourriture sèche pendant l'automne. Il donne lieu
à une excellente pratique, celle du pelleversage ou défoncement du sol en hiver. Ces
avantages méritent certainement d'être pris

en grande considération; mais est-ce une
raison pour leur sacrifier toute l'économie de
l'exploitation? Nous ne le pensons pas. Comment justifier, par exemple, l'habitude dé-
plorable de placer le maïs dans les plus mauvaises conditions d'assolement, dans les sols
appauvris ou trop légers, qui doivent invariablement recevoir le blé après cette récolte,
quelle que soit l'époque tardive de sa maturité et la mauvaise préparation du terrain.
Voilà pourtant ce qui se passe dans tous les
pays où la culture du maïs, revenant tous les
deux ou trois ans, vient faire une concur-
rence redoutable au blé, et, qui pis est, aux
prairies artificielles. Comment déterminer le
colon à diminuer temporairement sa sole de
maïs? Problème difficile, sinon insoluble :
autant vaudrait toucher à l'arche sainte. Aux
conseillers téméraires qui lui recommandent
une meilleure rotation, il répond qu'il trouve
dans la sommité des tiges du maïs de quoi

nourrir son bétail pendant deux ou trois
mois; le foin de la prairie, joint au pâturage, doit empêcher ses bœufs de labour
de mourir de faim le reste de l'année; dès
lors, quelle valeur peuvent avoir les prairies
artificielles dans l'esprit de gens accoutumés
à vivre au jour le jour, et n'estimant que le
bien immédiatement présent? Dans l'état actuel des choses, le maïs peut être considéré
comme un des fléaux de l'agriculture méridionale. Ce reproche a déjà été signalé depuis longtemps aux populations intéressées;
malheureusement, l'empire de l'habitude et
certains avantages incontestables l'emportent
sur les réflexions les plus judicieuses, et feront ajourner à une époque fort reculée la
réforme proposée.

La culture du maïs est à peu près la même
dans toutes les localités. On confie généralement la préparation du sol à des solatiers

ou à des valets qui, suivant qu'ils pelleversent
le sol à la profondeur d'un ou deux fers de
bêche, partagent, dans le premier cas, la
récolte avec le propriétaire, par égale part,
ou, dans le second cas, en prennent les deux
tiers, et quelquefois la totalité. L'opération du
pelleversage s'effectue pendant l'hiver. Le terrain ainsi défoncé ne reçoit aucune fumure; on
le laboure une fois en mars ou avril avec
l'araire, et, quand le soleil l'a un peu ré-
chauffé, on procède aux semailles. Celles-ci
se pratiquent ainsi qu'il suit. Le laboureur
ouvre le sillon, une femme le suit avec un
panier contenant la semence ; elle répand le
grain dans la raie ouverte; le second trait de
charrue recouvre le maïs. On n'ensemence
que de deux raies l'une. Généralement, les
lignes se trouvent espacées à 60 centimètres;
on regarde cependant la distance de 80 centimètres comme la plus convenable. Le grain
de semence est toujours choisi avec soin. On

rejette les deux extrémités de l'épi pour ne
prendre que la partie intermédiaire où se
trouvent les grains les mieux nourris. Les
semailles ont lieu, le plus souvent, depuis
le 15 avril jusqu'au 15 mai ; quelques personnes commencent à semer dès le mois de
mars, quand la température est favorable, et
s'en trouvent bien.

La levée du maïs est assurée quand il reçoit une pluie peu de temps après sa mise
en terre. Quinze jours ou trois semaines après
la semaille, on lui donne une première façon
à la main avec une houe large, appelée *fous-
souc*, et on l'éclaircit en mettant les pieds à
25 ou 32 centimètres de distance les uns des
autres. Quinze jours ou trois semaines après
cette culture, quand il a atteint 32 centimètres environ de hauteur, on le butte, tantôt avec une houe à main, tantôt avec une
araire : dans ce dernier cas, des femmes com-

plètent le travail avec la houe à main. Ce serait alors le moment d'enlever les tiges latérales qui ne font qu'affaiblir la tige mère, mais partout ce soin est négligé.

La floraison du maïs arrive ordinairement dans la première quinzaine d'août. A cette époque, s'il reçoit une pluie, la récolte est assurée : les pluies de la Notre-Dame d'août décident de son sort. On étête aussitôt que la fécondation est opérée. Un homme, armé d'un couteau ou d'une serpette, coupe les panicules, en laissant une feuille au-dessus de l'épi terminal. Au fur et à mesure que sa main gauche est remplie de ces panicules, il les dépose dans la pièce de maïs, en travers des lignes. Elles y restent jusqu'à leur complète dessiccation, et sont portées ensuite au bord du champ, où on les dresse en tas ; des charrettes les transportent à la métairie. Beaucoup de cultivateurs préfèrent exécuter l'étètage du maïs à différentes reprises, afin de faire consommer les panicules en vert. Cette excellente nourriture contribue singulièrement à refaire les animaux, dans un pays où l'usage de faire manger ainsi une partie des fourrages artificiels autres que le farrouch est à peu près ignoré. Un hectare fournit une charretée de panicules, pesant 18 à 20 quintaux à l'état sec; on estime qu'elles peuvent nourrir une paire de bœufs pendant 20 jours. Les feuilles de la tige et les tuniques fournissent un poids à peu près équivalent de nourriture.

Le maïs, dans les années ordinaires, peut être récolté du 1er au 20 octobre. On coupe les tiges rez terre avec une faucille ou une serpette; les uns les portent alors sur l'aire, où des femmes enlèvent les épis sans les dépouiller de leurs tuniques; les tiges sont ainsi mises en tas dans la cour de la métairie; les

autres font charrier la récolte directement à
la métairie; des femmes enlèvent les tuniques des épis, et ceux-ci, jetés dans des comportes, sont partagés, sur place, entre le propriétaire et les gens de l'exploitation : le
choix appartient au propriétaire. Cette opération achevée, on porte le maïs au grenier,
on l'y étend par couches légères, et, pendant
les premiers temps de l'emmagasinement,
on a soin de le remuer fréquemment, une
fois au moins par semaine. L'égrenage du
maïs est une des occupations de l'hiver; les
gens de la métairie y procèdent, à l'aide
d'une queue de poële dentelée. On estime
qu'un hectolitre de maïs à égrener coûte
25 centimes.

La récolte doit être conservée dans un grenier bien aéré, et mise à l'abri des rats et des
souris.

Le rendement d'un hectare de maïs varie entre 20 et 24 hectolitres, produit trop faible, assurément, pour en faire le pivot de la rotation. On remplacerait le maïs, avec plus de profit, par le blé ou l'orge, succédant à des cultures fourragères.

Dans le département de l'Aude, tout le monde est à peu près unanime à regarder le maïs comme une plante très-épuisante; c'est aussi l'opinion reçue partout ailleurs. Nous l'avions partagée jusqu'ici; mais les faits suivants que nous avons observés, et dont plusieurs cultivateurs ont été les témoins, porteraient à croire que la théorie a été formulée avant que les effets du maïs sur le sol aient été constatés par des expériences concluantes.

A Mireval, au sud de Castelnaudary, chez M. Rodières, la même pièce de terre porte, consécutivement, du maïs depuis sept ans.

sans avoir été fumée. Tous les ans, le sol ar-
gilo-calcaire profond est défoncé à un fer de
bêche; la récolte de maïs, en 1846, ne le
cède pas à celle de 1839, première année de
l'expérience. Autre exemple : un homme, au
service de M. Rodières, ensemence depuis
onze ans, en maïs, une pièce de terre sablon-
neuse de médiocre qualité, qu'il possède
dans la commune de Mireval. Ici la terre,
loin d'être défoncée, ne reçoit qu'un seul labour à l'araire, et cependant il n'y a pas de
différence entre la production de la première
année et celle de la onzième. Nous avons vu
nous-même la récolte sur pied, elle ne dif-
férait en rien de celle des propriétaires voisins; les épis étaient aussi beaux, aussi nombreux, bien que les uns eussent fumé et que
le serviteur en question se fût dispensé de
le faire depuis plus de dix ans.

D'autres faits analogues nous ont été cités

dans la Haute-Garonne et dans les Hautes-
Pyrénées. Ici, l'expérience se continue avec
succès depuis quatorze ans; là, on ne se souvient pas que le champ ait jamais porté d'autre
plante que le maïs, et toujours sans fumure
et sans qu'on ait pu observer la moindre différence entre les récoltes de maïs, comparées
avec celle des propriétés où l'on est dans l'u-
sage de fumer, sinon pour le maïs, du moins
pour le blé qui le précède.

De ces faits, que conclure? Le maïs épuise-
t-il la terre; n'a-t-il pas la propriété fâcheuse
qu'on lui suppose? C'est ce que nous n'ose-
rions décider dans l'état actuel des choses.
Des expériences, consciencieusement étu-
diées, se poursuivent, dans plusieurs départements du Sud-Ouest, à l'effet de résoudre
ce problème. Des propriétaires ont commencé à faire revenir le maïs sur lui-même,
sans fumure et sans alternat aucun; ils se

proposent de le soumettre à cette épreuve
continue pendant une série d'années. Après
ces essais, bien observés, on saura, sans
doute, à quoi s'en tenir sur cette nouvelle
vertu attribuée au maïs. Si elle se vérifiait,
le maïs, loin d'être le fléau de l'agriculture
méridionale, en deviendrait, certainement,
l'un des principaux auxiliaires. Il serait, tout
d'abord, rejeté en dehors de la rotation, et,
partant, ne gênerait plus la culture du froment. Comme plante sarclée, on l'appelle-
rait à son secours pour combattre les mauvaises herbes; il ne disputerait plus la place
aux prairies artificielles; le maïs, enfin, indépendamment du fourrage vert qu'il procure
à une époque de l'année où l'on ne peut
compter, d'une manière assurée, sur le trèfle
et la luzerne, serait traité comme une céréale
importante, à côté des autres céréales destinées à l'alimentation de l'homme : dès lors,
l'agriculture du Midi, affranchie d'une de

ses principales entraves, pourrait se féliciter
d'avoir acquis l'une des plantes les mieux
appropriées à son climat, et parfaitement à
l'abri de la concurence des cultivateurs du
Nord; une ère nouvelle s'ouvrirait devant
elle..... mais, *adhuc sub judice lis est*; atten-
dons et faisons des vœux pour que de si
belles espérances ne soient pas renversées.

POMMES DE TERRE.

La pomme de terre descend rarement dans
les plaines du département de l'Aude; elle se
cultive, pour ainsi dire exclusivement, dans
la basse Corbière et dans la montagne Noire,
encore ne lui consacre-t-on qu'une faible étendue de terrain, et la considère-t-on comme une
plante destinée à l'alimentation de l'homme,
plutôt qu'à celle des animaux; les porcs seuls
en reçoivent de faibles rations quand on les
soumet à l'engraissement.

Tantôt on plante la pomme de terre dans une terre récemment écobuée, tantôt elle occupe la sole de jachère, et sert alors de préparation pour le seigle ou le blé. Dans ce dernier cas, on donne ordinairement trois labours au terrain, labours trop superficiels la plupart du temps, et dont les imperfections ne sont pas rachetées par une fumure abondante; c'est à ces deux défauts, auxquels il faut ajouter encore les inconvénients d'une semence abâtardie, qu'on doit attribuer les pauvres résultats de cette culture dans le département.

La plantation des pommes de terre a lieu ordinairement dans le courant d'avril; les tubercules, partagés en deux ou trois morceaux, sont jetés par des femmes dans le sillon, et enfouis par la charrue; ils se trouvent placés à 32 centimètres dans les lignes, celles-ci étant séparées les unes des

autres par une distance de 50 centimètres
environ.

Dans aucune localité on ne passe le rouleau
sur le champ de pommes de terre après la
plantation. On ne fait, non plus, usage de la
herse, de la houe ou du butoir quand elles
sont hors de terre; ces instruments sont inconnus dans la montagne. L'unique façon appliquée aux pommes de terre consiste dans
un léger buttage exécuté à la main. La récolte
a lieu dans la première quinzaine d'octobre.
La plupart des cultivateurs conservent les
pommes de terre dans des caves et les recouvrent d'une couche de sable. Plante précieuse trop négligée, non-seulement au point
de vue du bétail, mais encore sous le rapport
de l'alimentation de l'homme dans la montagne. Quand on connaît le peu de ressources
en grains des habitants de la montagne Noire
et des Corbières, lorsqu'on songe qu'ils n'ont

qu'une récolte de seigle très-faible et très-
casuelle pour pourvoir à leur nourriture, on
est étonné du peu de faveur dont jouit la
pomme de terre dans ces localités. Bien cultivée, c'est-à-dire confiée à un sol largement
fumé et travaillé avec soin, elle aurait l'avantage de leur procurer une nourriture saine,
abondante et économique, dont le bétail fini-
rait par prendre sa part. A nos yeux, ces avantages sont tels, qu'il y aurait profit pour les
cultivateurs de la plaine, plus favorisés par
leur sol et leur climat, à donner à la pomme
de terre une place importante dans leurs assolements. Les excellentes terres de Brame
et d'Alzonne, la plaine de Coursan, une
grande partie de la vallée de l'Aude, depuis
Quillan jusqu'à Carcassonne, seraient très-
propres à la culture de cette plante, qui ne
craint pas les plus fortes doses d'engrais, prépare admirablement le sol à recevoir les fourrages artificiels, lui restitue libéralement les

engrais qu'elle a reçus, et, par ses produits,
paye mieux que toute autre récolte les façons
énergiques dont elle est l'objet.

BETTERAVES.

Encore une plante dont les avantages ne
sont appréciés que d'un petit nombre de propriétaires du département. Elle donne lieu,
dans l'arrondissement de Narbonne, à un
singulier commerce, lucratif en apparence
pour ceux qui l'exercent, mais qui, en définitive, tourne au profit de l'acheteur. Il est
d'usage, chez la plupart des cultivateurs de
cette circonscription, de n'admettre la betterave dans leurs assolements que comme plante
commerciale. Au lieu de la faire consommer
chez eux, ils la vendent aux habitants de la
garrigue qui, possédant des troupeaux de
bêtes à laine, ont besoin de cette racine pour
suppléer aux fourrages que l'aridité de leur

sol ne leur permet pas de se procurer en
quantité suffisante sur leurs propres exploitations. De ce fait il résulte que les engrais
s'accumulent là où les moyens de les créer
sont le plus abondants; les terres pauvres de
la garrigue s'enrichissent ainsi au détriment
des terres de la plaine dont la fécondité naturelle ne saurait supporter, en général, un
tribut aussi onéreux. Malheureusement pour
le cultivateur de cette partie du département,
la nécessité de se procurer de l'argent domine
son intérêt bien entendu, qui devrait toujours
se confondre dans l'amélioration du sol; voilà
pourquoi il se défait d'une denrée dont il
retirerait plus de bénéfices s'il voulait renoncer momentanément à un lucre trompeur et
faire consommer sa récolte de betteraves chez
lui. Son bétail, mieux nourri, lui donnerait
plus de fumier, et un fumier de meilleure
qualité, source de toute production profitable; une fois entré dans cette voie, loin de

vendre ses betteraves, il en étendrait la sole afin d'accroître le nombre de ses bestiaux; libre ensuite à lui de vendre l'excédant de sa récolte-racine le jour où il compterait une tête de gros bétail ou son équivalent pour chaque hectare de terrain mis en culture.

La terre qu'on veut ensemencer en betteraves est ordinairement un bon sol d'alluvion. On donne trois ou quatre labours préparatoires. La première façon a lieu en décembre ou janvier, la charrue pénètre alors à 30 ou 40 centimètres de profondeur; les autres labours s'effectuent en croisant le coup de charrue précédent; le fumier est porté sur le champ avant le troisième labour. Quelque temps avant de semer, si le sol est motteux ou a été tassé par la pluie, on l'ameublit soit en y passant légèrement l'araire, soit à l'aide d'une herse à dents de bois : l'emploi combiné

d'un bon scarificateur, de la herse en fer et
du rouleau rendrait ce travail plus complet,
plus expéditif et plus éconnomique.

Les semailles ont lieu dans le mois d'avril;
la terre préalablement hersée ou émottée,
une araire sans versoir y ouvre des raies à 5
ou 8 centimètres de profondeur; des femmes
pratiquent des trous avec un plantoir à la
distance de 40 centimètres dans les lignes;
elles y jettent quelques graines et les recouvrent d'un peu de terre fine remplacée, chez
certains propriétaires, par du sable fin, qui
assure, dit-on, la levée de la plante. Comme
on le voit, ce dernier procédé appartient plutôt au jardinage qu'à la grande culture; mais,
sauf quelques exceptions, le terrain affecté à
la betterave est si limité, qu'on ne peut recommander l'usage du semoir : la dépense
n'en serait utile qu'autant qu'on agirait sur
plusieurs hectares. L'éclaircissement des bet-

teraves laisse beaucoup à désirer, même chez
les cultivateurs les plus soigneux; partout il
s'effectue trop tard et l'on a le tort, presque
général, de laisser deux et trois plantes épui-
ser le sol et s'affaiblir mutuellement à la même
place, alors, qu'aussitôt la levée bien éta-
blie des betteraves, on devrait retrancher
tous les plants superflus pour n'en conserver
qu'un seul à la distance voulue.

Vers le milieu de mai, des femmes, armées
d'une houe à main, travaillent le pied des
betteraves et détruisent en même temps les
mauvaises herbes dans un pourtour de 25 à
30 centimètres; le laboureur vient ensuite et
cultive l'intervalle des lignes avec une araire,
de manière à rejeter la terre des sillons de
chaque côté des betteraves, ce qui leur procure une sorte de buttage. Pendant les mois
de juin et juillet, on devrait donner autant
de façons que l'état du sol l'exige, mais ici

encore l'absence d'une houe à cheval se fait
sentir; on n'emploie que l'araire pour la culture de la betterave, aussi les binages se
bornent-ils invariablement à deux coups de
charrue, quelle que soit la dureté du sol ou
sa malpropreté : le bienfait de cette culture,
comme récolte préparatoire, est donc en partie perdu, faute d'instruments économiques
et expéditifs, qui permettent de travailler le
sol en proportion de ses besoins.

L'arrachage des betteraves s'opère du 15 octobre à la mi-novembre. Avant de rentrer
les racines, on coupe leur collet avec un couteau, puis on les emmagasine sous un han-
gard ou dans un des bâtiments de la métairie;
nulle part on ne les conserve dans des silos.

Un hectare semé en betteraves dont les
lignes sont espacées à 1 mètre les unes des
autres, rend depuis 35 jusqu'à 40,000 kilo-

grammes de racines; les 50 kilogrammes se vendent, sur pied, 60 à 70 centimes aux propriétaires de bêtes à laine de la garrigue.

TOPINAMBOURS.

L'introduction du topinambour, dans le département de l'Aude, est très-récente; M. Tapié-Mengaud est le premier qui ait adopté cette plante. Les excellents résultats obtenus sur son domaine de Céleyran, dans un sol siliceux, trop sec pour les pommes de terre, les navets et les betteraves, sous le climat de Narbonne, décideront, sans doute, les cultivateurs qui ont des terrains de semblable nature, à suivre l'exemple de ce propriétaire distingué. Suivant nous, le topinambour est appelé à rendre de grands services dans les sols pauvres du sud-ouest, rebelles à la culture des autres récoltes-racines, tels que la garrigue, les terrains de lande, les sols granitiques de

la montagne Noire et des hautes Corbières;
il devrait être l'un des plus puissants auxiliaires de la nourriture sèche donnée au bétail
pendant l'hiver. Nous ne nous exagérons pas
ses qualités. Sans contredit, le topinambour
ne saurait être assimilé à la pomme de terre,
cette plante si précieuse pour la nourriture
de l'homme et des bestiaux ; nous ne le met-
tons pas sur la même ligne que les betteraves,
dont la valeur nutritive l'emporte beaucoup
sur celle du topinambour; mais les deux premières plantes supposent déjà une agriculture
assez avancée, un sol de bonne nature et surtout une grande quantité d'engrais pour réussir sous un climat brûlant. Il n'y faudrait pas
songer de prime saut dans les exploitations
de l'Aude à sols pauvres et dépourvus d'engrais; ce qui leur convient, c'est une plante
intermédiaire, assez rustique pour résister à
la sécheresse et à la pénurie de fumier: cette
double condition se trouve réunie dans le to-

pinambour. Ajoutez qu'il peut revenir indéfiniment sur lui-même, qu'il paye avec usure
le peu de fumier qu'on lui applique, que ses
tubercules ont la propriété de résister en terre
aux gelées, partant, qu'ils n'exigent point de
frais d'emmagasinement et que ses tiges élevées fournissent un excellent combustible,
chose importante dans un pays déboisé. Ces
avantages ne sont-ils pas autant de raisons
pour le recommander aux cultivateurs du
sud-ouest de la France, placés dans des localités pauvres et dont le bétail est fort mal
nourri en hiver, faute d'une récolte-racine
qui corrige la nourriture exclusivement sèche
qu'on lui distribue?

Le topinambour se cultive exactement de
la même manière que la pomme de terre.

La terre, préparée en hiver par un labour
profond, doit recevoir un second trait de char-

rue avant la plantation et, autant que possible,
une bonne dose d'engrais. On peut planter
depuis le commencement de mars jusque dans
le courant d'avril. Les tubercules doivent être
entiers et placés à 80 centimètres en tous
sens ; on les recouvre par un trait de charrue.
Cela fait, si le temps est à la sécheresse, il
est utile de passer le rouleau sur la pièce ensemencée. A l'époque de la levée des plantes,
un hersage suivi, peu de temps après, d'une
culture à la houe à cheval et d'un buttage
effectué à deux reprises, constitue les diverses
façons qu'exige le topinambour. Sa récolte
peut avoir lieu lorsque les tiges sont complétement sèches, ou bien au fur et à mesure
des besoins de l'exploitation ; les tubercules
se conservent parfaitement en terre ou hors
de terre, sans avoir à craindre les inconvénients de la gelée ; ils ne sont sujets à s'é-
chauffer que lorsqu'on les accumule en tas
trop considérable.

. On a reproché au topinambour une de ses
propriétés les plus caractéristiques, celle de
se perpétuer indéfiniment par ses moindres
tubercules. Mais cette vitalité presque indes-
tructible, loin d'être un défaut à nos yeux,
ajoute encore à ses qualités, si l'on a soin de
ne pas faire entrer cette plante dans les assolements et de lui consacrer un champ spécial
qu'on ensemencera chaque année ; les tubercules oubliés ne feront alors qu'augmenter
les produits de la récolte. Le topinambour
convient aux bêtes bovines et aux bêtes à laine ;
les porcs en sont très-avides.

HARICOTS.

La culture des haricots n'a qu'une importance secondaire dans le département de
l'Aude, on s'y livre surtout dans les petites
exploitations du Razès.

La variété naine est la seule qu'on sème;
elle réussit bien dans les sols argilo-calcaires
ameublis par les labours et les engrais. On
prépare la terre par deux cultures à la charrue. Les semailles ont lieu en avril. On place
la semence de manière que les plantes soient
à 16 centimètres les unes des autres dans les
lignes, celles-ci sont séparées par un intervalle de 80 centimètres.

Les haricots reçoivent ordinairement deux
binages à la main pendant leur végétation.
La récolte s'en fait au mois d'août. Les tiges
arrachées restent deux ou trois jours sur le
sol avant d'être portées sur l'aire. Rendement
très-variable.

FÈVES.

Cette plante est principalement cultivée
dans les arrondissements de Limoux et de

Castelnaudary. La variété préférée dans les
métairies est la fève à gros grain. Verte, elle
fournit à la consommation du ménage; sèche,
elle est portée sur le marché comme objet
de commerce. On ne l'emploie nulle part à la
nourriture du bétail, à qui, cependant, elle
convient parfaitement. Il est impossible, à
moins d'avoir visité le département de l'Aude,
de se faire une idée de l'aspect misérable des
champs de fèves qu'on rencontre dans ce département. Les uns sèment leurs fèves, pour
ainsi dire sans préparation et sans fumure,
dans une terre épuisée par les récoltes pré-
cédentes de céréales; les autres répandent la
semence à la volée dans un sol infesté de
mauvaises herbes; chez tous, les binages sont
insuffisants et fort mal exécutés, à tel point,
que les fèves, cette récolte préparatoire, qui
devrait assurer la propreté du sol, achèvent
de le salir, et le convertissent en une pépinière de folle avoine, dont on ne sait plus

comment se débarrasser. De cette incurie, que
résulte-t-il? Un fait qui suffirait seul pour faire
juger l'agriculture du pays : la culture des fèves
est, de plus en plus, perdue dans l'esprit des
cultivateurs de l'Aude; c'est elle qui engendre
les mauvaises herbes, appauvrit le terrain,
diminue les récoltes de blé, etc. De quels
maux n'est-elle pas la cause? Les malédictions
dont elle est l'objet se changeraient bien vite
en actions de grâces, si on voulait lui conserver son véritable rôle, ne pas la traiter comme
une plante commerciale, mais comme une
récolte jachère, et, à ce titre, lui donner la
fumure et les façons qu'elle réclame. A ces
conditions la fève rendrait de grands services,
et deviendrait l'un des plus précieux éléments
d'une bonne agriculture dans les terrains qui
lui conviennent.

Les fèves, dans le département de l'Aude,
se sèment ordinairement sur un seul labour,

dans le courant d'octobre et même en novembre, après le blé; cette dernière époque
est trop tardive; les semailles qui ont le plus
de chances de réussir sont celles faites en septembre. On met environ trois hectolitres par
hectare. Au mois de mars ou d'avril, les plus
soigneux, qui ont semé leurs fèves en lignes,
y font passer l'araire; mais, rarement, ils
complètent le travail par une façon à la main;
aussi leur sole de fèves ne se distingue-t-elle
des champs de leurs voisins, que par un peu
moins de malpropreté. On croit épargner
ainsi quelques journées de sarclage, et l'on accumule de nombreux frais de main-d'œuvre
pour les récoltes suivantes. La maturité des
fèves a lieu à la fin de juin ou dans la première quinzaine de juillet. On arrache les
tiges à la main, elles restent plusieurs jours
sur le sol, rangées par petits tas, ou disposées
en rond, les racines tournées en l'air; elles y
demeurent pendant trois semaines.

Les fèves passent pour très-casuelles; la rouille, les pucerons, la coulure les rendent telles en effet; mais les détestables procédés de culture auxquels on les soumet sont la principale cause du faible rendement de cette plante; ils aggravent encore les inconvénients naturels que, jusqu'ici, on n'a pu combattre qu'imparfaitement.

On compte, tout au plus, sur cinq ou six fois la semence dans des terres où les fèves, bien cultivées, devraient rendre 25 et 30 hectolitres par hectare.

FOURRAGES ARTIFICIELS.

Si l'on ne peut nier que le département de l'Aude ait fait de grands progrès, depuis plusieurs années, sous le rapport de la culture des fourrages artificiels, on ne saurait se refuser à reconnaître qu'il est loin de lui avoir

donné cette extension sans laquelle, à défaut
de prés naturels, il ne peut exister de bonne
agriculture. Ce qui se passe dans tout le département justifie cette réflexion. La plupart
des cultivateurs de la plaine admettent les
prairies artificielles dans leurs assolements;
mais ils ne leur accordent encore qu'une place
très-restreinte, tout juste ce qu'il faut pour
l'entretien rigoureux des bêtes de trait de
l'exploitation; les fourrages en sont dès lors
l'accessoire obligé, au lieu d'en être la base.
On ne saurait trop le répéter cependant, dans
les pays où les céréales sont le principal objet de la culture, il n'y a de salut, pour le
cultivateur, que dans les fourrages artificiels,
alternant, dans de bonnes conditions et des
proportions convenables, avec les récoltes épuisantes; sans cela, les grains sont produits
chèrement et presque sans profit, et le système entier de culture est condamné à rouler
dans un *statu quo* misérable.

Les fourrages artificiels cultivés dans le département de l'Aude sont : le trèfle rouge, le trèfle incarnat, la luzerne, l'esparcet, les vesces et la dragée.

TRÈFLE ROUGE.

On sème généralement le trèfle à l'automne, dans un blé; les semailles n'ont lieu en mars qu'accidentellement, lorsque l'hiver a tué le jeune trèfle. Le défaut d'écoulement des eaux dans les terres fortes est la cause principale qui fait périr les semis d'automne. Par exception, dans la plaine de Brame, on sème le trèfle dans les mars. La plupart des cultivateurs négligent les précautions réputées partout nécessaires pour assurer la réussite des semailles de trèfle; ils se contentent de jeter la semence sur le sillon brut, sans herser ou rouler préalablement le terrain; les plus soigneux recouvrent la graine par un coup de râteau, ou bien font émotter le champ à bras. Cette opération serait remplacée avec beaucoup d'avantages par la herse, suivie du rouleau.

On sème dans la proportion de 20 à 25 kilogrammes par hectare.

Le plâtrage, sans être d'un usage général dans le département, est cependant employé chez un grand nombre de propriétaires; il a lieu tantôt en décembre ou janvier, tantôt au printemps; les doses varient beaucoup. Les uns répandent 4 hectolitres de plâtre, les autres en mettent jusqu'à 9 hectolitres par hectare; on a remarqué qu'il agissait très-bien sur les terres sèches, et n'avait d'effet, sur les terres humides, qu'autant que celles-ci avaient été préalablement assainies, ou qu'on leur avait appliqué une bonne fumure.

La première coupe du trèfle a lieu généralement en mai, au moment où les têtes commencent à fleurir. Nulle part on n'attend
qu'elles soient complètement en fleurs; quelques propriétaires fauchent même un peu
avant la floraison, dans le but d'assurer la seconde coupe, destinée, la plupart du temps,
à porter graines.

Les procédés de dessiccation usités dans le
département varient. Les uns, et le nombre,
par malheur, en est considérable, traitent la récolte du trèfle à peu près comme celle du foin;
en user ainsi, c'est vouloir abandonner sur le
sol la meilleure partie du fourrage et ne
rentrer chez soi que des tiges dépouillées de
leurs feuilles; c'est ce qui arrive le plus souvent. D'autres laissent la récolte de trèfle en
andains le jour où on l'a fauchée; le lendemain, ils la disposent en petits tas, conser-
vés ainsi plus ou moins long-temps, selon

15.

l'état de l'atmosphère ; le jour où l'on doit
rentrer le fourrage, on ouvre les tas, et le
soir la récolte est transportée à la métairie. Quelques propriétaires, au lieu de laisser le trèfle en andains après l'avoir coupé,
en font immédiatement des meulons d'un
très-petit volume et parfaitement arrondis,
qu'on ouvre seulement dans la matinée du
jour où l'on doit charrier la récolte : le trèfle,
traité de cette manière, blanchit à la partie
supérieure des meulons, mais, à l'intérieur,
les feuilles et les fleurs conservent leur coloration naturelle ; elles ne se détachent pas
lorsqu'on charge la récolte sur des chariots.

Quelle que soit, du reste, celle de ces méthodes qu'on adopte, il est bien important
de ne pas oublier que, sous le soleil brûlant
du Midi, il faut éviter de remuer le fourrage
quand il a déjà subi un commencement de
dessiccation, sous peine de le détériorer et

d'en laisser une partie sur le sol; cette faute est souvent commise dans l'Aude.

Jusqu'ici, aucun propriétaire du département n'a adopté l'excellent usage de botteler les fourrages avant de les rentrer; on les conserve tantôt dans des fenils, tantôt à l'air libre; dans ce dernier cas, on en fait des meules près de la métairie et on les abrite d'une couverture en paille.

La seconde coupe du trèfle est fort chanceuse; sa réussite dépend de la température du mois de juin. Pleut-il à cette époque, la récolte est assurée, surtout si l'on a fauché de bonne heure la première coupe; au contraire, si le temps est sec pendant ce mois, les tiges ne s'élèvent qu'à quelques centimètres; la récolte est claire et les fleurs se montrent de bonne heure. Généralement, on laisse cette coupe grainer; on la fauche alors à la fin

d'août. Quand on la réserve pour fourrage,
on la fauche à la fin de juillet; elle se traite
de même que la première coupe.

Le rendement du trèfle comme fourrage
est fort difficile à apprécier dans un pays où
le climat et le sol offrent des différences non
moins grandes que les procédés de culture :
dans aucune métairie, les deux coupes ne
dépassent 8000 kilogrammes par hectare;
beaucoup de propriétaires n'atteignent pas ce
chiffre. 250 kilogrammes de graine par hectare passent pour un bon produit. Le kilogramme se vend ordinairement 1 franc.

La culture du trèfle, par rapport au blé
qui lui succède, est fort diversement appréciée dans le département. Pour les uns, le
trèfle est le précédent par excellence du blé;
les autres, au contraire, trouvent qu'après ce
fourrage, le blé ne donne que de mauvais

produits : cette divergence d'opinions tient aux différents procédés qu'on emploie pour défricher le trèfle. Là où le fourrage était épais, net de mauvaises herbes et a été renversé par un seul coup de charrue, le blé réussit presque toujours ; seulement, il est plus abondant en paille qu'en grains. Mais, si, comme cela se voit dans une foule de localités, on n'a qu'une récolte chétive de trèfle, ou même si le trèfle, bien réussi, reçoit des labours répétés après le déchaumage, rarement le blé qu'on lui fera succéder prospérera-t-il. Telle est, suivant nous, l'explication de ce problème. Le trèfle ici n'est point la cause des mauvaises récoltes de blé dont on le charge, c'est aux procédés vicieux de défrichement qu'il faut s'en prendre. Qu'on donne un seul labour pour retourner le trèfle six semaines avant les semailles du blé ; qu'on fasse précéder l'ensemencement d'un ou deux hersages pour ameublir le sol à 8 ou 10 cen-

timètres de profondeur; que les semailles
soient faites en temps opportun ; qu'on ait
soin de tirer des raies d'écoulemént et de les
entretenir pendant l'hiver; au printemps, que
le rouleau et la herse passent et repassent sur
le blé, et le produit de la récolte fera justice
des absurdités mises sur le compte du trèfle :
n'oublions pas, qu'en général, on ne calomnie
que ce qui est bon.

TRÈFLE INCARNAT.

Le trèfle incarnat n'est pas aussi répandu
dans le département qu'il devrait l'être ; beaucoup de propriétaires ne le cultivent pas ; cependant, sa précocité, comme fourrage vert,
le rend très-précieux dans l'exploitation où le
bétail est soumis à un régime exclusivement
sec et a bien de la peine à passer l'hiver avec
la faible quantité de foin mise en réserve,

On ne connaît, en général, que la variété
hâtive de farrouch dans l'Aude, celle qui se
coupe du 25 avril au 25 mai ; la variété tardive, qui fleurit seulement à la fin de mai,
offrirait l'avantage de prolonger de trois semaines environ la ressource d'une nourriture
verte très-abondante et très-économique.

Il est rare qu'on donne plus d'un labour
au sol qui doit recevoir le farrouch ; quelques
personnes se contentent même de herser le
terrain et se trouvent bien de cette simple
préparation. On attend ordinairement les premières pluies de septembre pour commencer
les semailles de trèfle incarnat ; la graine, en-
veloppée de sa gousse, est semée dans la proportion de 6 à 7 hectolitres de semence par
hectare ; on a soin de la recouvrir légèrement.
On fauche dès que les fleurs paraissent.

La pénurie de fourrage peut seule justifier

l'usage adopté par certains cultivateurs de
faire faner le farrouch comme provision d'hiver. Sec, il ne vaut guère mieux que la paille
bien récoltée ; sa véritable destination est
d'être consommé en vert.

Le farrouch réservé comme porte-graine,
se récolte à la fin de juin ; ses produits sont
ordinairement considérables.

Cette plante, trop rare dans la montagne
Noire et les Corbières, rendrait de véritables
services aux cultivateurs de ces régions : elle
utiliserait les terrains aigres, et fournirait une
abondante nourriture aux troupeaux de bêtes
à laine, à une époque où ils sont souvent
forcés d'aller en quête d'un chétif pâturage.
Sur le chaume de trèfle incarnat, on pourrait prendre encore, la même année, une
récolte de pommes de terre ; celles-ci, fumées
et cultivées avec soin, seraient une excellente

préparation pour l'avoine; cette dernière, enfin, pourrait être suivie avec avantage d'une
récolte de seigle, surtout si on lui appliquait
une demi-fumure.

ESPARCET OU SAINFOIN.

Cette culture s'est beaucoup étendue dans
l'Aude; à peine, dans la plupart des communes, trouverait-on une métairie qui n'ait son
champ d'esparcet au soleil. La culture des
céréales, dans le Razès, s'appuie principalement sur ce fourrage; on l'estime fort aussi
dans la vallée de l'Aude et les plaines de
Brame. Malheureusement, partout on compte
un peu trop sur elle pour réparer les vices
d'une culture épuisante; on commet la faute
grave de la faire revenir à des intervalles trop
rapprochés, et surtout de la semer dans une
terre trop appauvrie; aussi, sur plus d'un
point, voit-on ses produits diminuer à chaque

rotation, et dans quelques localités l'esparcet manque-t-il complétement dans les sols
qui en ont été surchargés.

Le sainfoin n'occupe pas seulement les
sols calcaires du département; on le sème
pour ainsi dire dans tous les terrains: à Brame,
par exemple, il se trouve placé dans les terres
fortes d'alluvion. Dans l'arrondisement de
Limoux, on le rencontre dans les sols argilo-
calcaires du Razès et dans les alluvions des
vallées. Dans l'arrondissement de Carcassonne,
on lui réserve spécialement les terrains secs
plus ou moins mélangés de calcaire. A Narbonne, sa culture est moins répandue que la
luzerne dans les terres riches d'alluvion; en
revanche, il règne presque exclusivement sur
les coteaux et les terrains calcaires connus
sous le nom de garrigues. Les sols siliceux
de la montagne Noire et des Corbières sont
les seuls où il n'y ait pas de sainfoin.

Les semailles s'effectuent de plusieurs manières. Ici, on le sème tantôt en septembre
dans un seigle, tantôt en octobre dans le blé;
là, on le sème dans le courant de février sur
une terre qui ne porte pas d'autre récolte et
l'on trouve que, de la sorte, la levée est plus
assurée. Ailleurs, on répand la semence en
mars dans une avoine, une orge de printemps,
ou bien dans le blé semé avant l'hiver. La
quantité de semence employée par hectare
varie depuis 3 jusqu'à 6 hectolitres. Il n'est
pas rare d'y voir mêler une certaine quantité
de graine de trèfle. La masse totale du fourrage
s'en trouve augmentée; mais, comme on destine la deuxième coupe de trèfle à porter
graine, on affaiblit ainsi la prairie artificielle;
dès la deuxième année, elle devient claire et
les mauvaises herbes s'en emparent au point
d'infester la céréale qui succède au fourrage.
Mieux vaudrait, sans contredit, ne point asso-
cier deux plantes dont la végétation et la

durée diffèrent si notablement. La semence
mise en terre, les uns l'enfouissent à l'aide
d'un rouleau, les autres au moyen d'un fagot
d'épines ou d'un râteau; personne, que nous
sachions, n'emploie la herse dans ce but: cet
instrument mériterait d'être préféré; avec lui,
le travail est à la fois plus expéditif et plus
économique; le blé, surtout, s'en trouve fort
bien.

Le plâtrage du sainfoin est pratiqué ainsi
que pour le trèfle; chaque cultivateur adopte
les doses consacrées par l'usage, sans exami-
ner si elles sont le résultat d'expériences suivies, ou si le caprice seul les a dictées.

Dans les exploitations où la disette de fourrage se fait sentir, on livre l'esparcet aux troupeaux dès la première année. Mais, chez les
propriétaires dont les fenils sont mieux garnis,
on n'abandonne le sainfoin au bétail qu'après

la première coupe ; quelques-uns même, con-
vaincus que la dent des bêtes à laine nuit
beaucoup au sainfoin, ne leur en permettent
l'entrée à aucune époque ; exemple à recommander, si toutefois l'on peut donner d'utiles
conseils à des gens qui prétendent tenir un
troupeau sans cultiver de fourrages, et dont
l'ambition est satisfaite quand leur bétail ne
meurt pas littéralement de faim.

En général, dans l'Aude, on coupe l'esparcet depuis le 15 mai jusque dans les premiers jours de juin ; beaucoup attendent,
pour y mettre la faux, que les premières
fleurs aient commencé à blanchir ; quelques-
uns préfèrent le récolter aussitôt que la floraison commence. Les procédés de dessiccation ressemblent beaucoup à ceux usités pour
le trèfle ; les uns le laissent pendant 48 heures
en andains tels que la faux les a formés ;
avant de le rentrer, ils le remuent avec une

fourche, et, quand la dessiccation est opérée,
ils le chargent sur des chariots : inutile de
dire que, par cette préparation sauvage, la
meilleure partie du fourrage reste sur le sol.
Les autres le traitent pis encore : ils le fanent
comme du foin. Beaucoup de propriétaires,
cependant, ont une meilleure méthode : dans
l'après-midi du jour où le sainfoin a été fauché, quand la rosée est tout à fait dissipée, ils
font manipuler le fourrage par des femmes;
celles-ci en forment des tas demi-sphériques de
65 cent. environ de largeur sur autant de hauteur, en ayant soin de bien entremêler les tiges
de sainfoin et de donner aux tas une forme aussi
régulière que possible, afin que la dessiccation
s'opère uniformément dans toutes les parties.
Traité de cette manière, le fourrage reste une
huitaine de jours sur le sol lorsqu'il fait beau,
et pendant ce temps on n'y touche en aucune
façon; on ne retourne les tas sens dessus
dessous que lors qu'il a plu abondamment

pendant deux ou trois heures, et cela une
seule fois, et seulement avant de porter la
récolte à la métairie dans des toiles appelées
bourra. Le sainfoin soumis à ce mode de
dessiccation, ne blanchit qu'à la face extérieure
du tas; à l'intérieur, il conserve ses feuilles
vertes, et la couleur rose de la fleur n'est
nullement altérée. Moins les tas ont de volume et plus ils sont réguliers, mieux s'opère
la dessiccation. Cette méthode très-simple et
très-expéditive est en vigueur depuis plusieurs
années chez M. de Moux; on la pratique aussi
sur différents points du département. Son
principal mérite consiste à préserver le fourrage de la pluie, quelque violente et tenace
qu'elle puisse être; elle dispense, en outre,
de toute manipulation pendant le cours de la
fenaison, point capital sous un climat très-
chaud, où quelques heures de soleil suffisent
pour détacher les feuilles lorsque la plante
est en voie de dessiccation.

Le rendement moyen de l'esparcet ne s'é-
lève pas à plus de 5,000 à 6,000 kilogr. par
hectare dans le département de l'Aude; on
conserve le sainfoin deux ou trois ans au plus.
On prend ordinairement un blé sur le défriché.

LUZERNE.

L'arrondissement de Narbonne est celui
qui possède la plus grande quantité de luzerne;
l'arrondissement de Castelnaudary vient en
seconde ligne sous ce rapport. A Limoux, on
compte les exploitations s'aidant d'un champ
de luzerne. Carcassonne, depuis quelques
années, grâces à la petite culture, qui a pris
l'initiative de son introduction, compte un
certain nombre de luzernières aux environs de la ville: les bénéfices qu'elles ont
procurés propageront rapidement cette précieuse plante dans un arrondissement où

presque toutes les terres de la plaine lui conviennent.

Nulle part, dans le département, on ne
cultive la luzerne avec autant de succès qu'à
Narbonne; les débouchés certains que les
troupeaux de la garrigue assurent à ce fourrage et les gains considérables résultant de
la production de la graine, expliquent, dans
cette circonscription, les soins remarquables
prodigués à ce fourrage. La luzerne y est
transformée en plante commerciale; heureu-
sement, les riches débris qu'elle laisse dans
le sol contre-balancent la perte d'engrais occasionnée par la vente de la plante hors de
l'exploitation.

Les meilleures terres sont réservées à la
luzerne. On prépare le sol par un labour de
défoncement avec la charrue Dombasle, pé
nétrant à 40 centimètres de profondeur. Dans

certaines communes .du département, on se
contente d'ouvrir la terre avec la charrue ordinaire, suivie d'un fer de bêche pour creuser
le sillon ; ailleurs, le terrain destiné à recevoir la luzerne reçoit trois et quatre labours
de jachère, et on lui applique une fumure
abondante. Quand le champ a été vigoureusement hersé, roulé et émotté, on procède
aux semailles : elles ont lieu quelquefois à
l'automne dans le blé, d'autres fois en mars.
La luzerne est alors semée seule ou avec des
vesces, ou dans une céréale de printemps.

Contrairement à ce qui se pratique dans plusieurs départements, on évite avec soin de
semer dru, parce qu'il est d'expérience qu'une
luzerne trop touffue donne de faibles produits, qui vont toujours s'affaiblissant; 18 à
20 kilogrammes par hectare sont regardés
comme une proportion suffisante. On enfouit
la semence avec la herse ou le rateau, ou bien

encore avec un scarificateur, si elle est semée
seule.

Sous le climat de Narbonne, favorisé par
d'abondantes rosées et une chaleur très-forte,
la luzerne fournit jusqu'à trois coupes dès
l'année de semaille ; les années suivantes, on
obtient cinq coupes. La première coupe a
lieu à la fin d'avril, la deuxième vers la mi-
juin, la troisième dans le courant d'août, la
quatrième au 15 septembre, et la dernière en
novembre. Dans la plaine de Coursan, souvent humide en hiver, la deuxième coupe est
la plus abondante ; sur les coteaux, plus secs,
c'est la première qui est la meilleure. On
considère comme bonne luzerne celle qui
rend 6,000 kilogrammes à l'hectare. On
fauche la première coupe avant l'apparition
de la fleur, la deuxième et la troisième quand
les têtes sont bien fleuries ; pour la quatrième
coupe, on n'attend pas la floraison complète

du champ : il suffit que les tiges montrent
quelques fleurs; la cinquième coupe se fauche
avant la floraison. Dans certains arrondissements, à Castelnaudary notamment, la
deuxième coupe de luzerne est souvent dé-
vorée par le négril (*colaspis atra*). Jusqu'ici,
on n'a trouvé d'autre moyen de sauver cette
seconde coupe qu'en retardant la première,
qu'on fauche alors dès que le négril apparaît.

Les procédés de dessiccation ne diffèrent
pas, en général, de ceux employés pour le
trèfle et l'esparcet. A Narbonne, cependant,
on suit une méthode différente, suivant qu'il
s'agit de la première coupe ou des autres coupes. Pour la première coupe, on est dans l'u-
sage de laisser le fourrage en andains, sans y
toucher pendant cinq ou six jours; s'il pleut
ou s'il fait humide, on se borne à le retourner. La veille du jour où l'on doit le trans-

porter à la métairie, on le met en tas. En
été, deux jours suffisent pour que la dessiccation soit complète, quand le fourrage n'est
pas très-épais; on dispose la récolte en petits
tas arrondis, pesant chacun une centaine de
kilogrammes environ. Lorsque la luzerne est
très-serrée, on la met en *cordes* : cette disposition, toutefois, n'est prise que dans le cas
où le propriétaire ne vend pas son fourrage
et le rentre pour son propre compte. Aux environs de Narbonne, le transport de la récolte
s'effectue souvent à l'aide de filets appelés
trousses, à mailles très-larges, qui enferment
le fourrage dans des espèces de cylindres
pesant de 4 à 500 kilogrammes. Nulle part
on ne bottelle, pas plus aux champs que dans
le fenil. L'usage général, à Narbonne, est de
vendre la luzerne à la séterée (1928 mètres
carrés); dans ce cas, on interdit à l'acqué-
reur la faculté de laisser grainer la luzerne
et de la faire pâturer. Dans les bas-fonds,

chaque coupe de luzerne s'afferme, par séterée, sur le pied de 100 à 120 francs ; dans
les terrains secs, 60 à 70 francs. Le quintal
de luzerne (42 kilogr.) se vend, la première
coupe, 2 francs 50 centimes ; la deuxième
et la troisième, 2 francs ; la quatrième et la
cinquième, 1 franc 75 centimes. En hiver,
les luzernes emmagasinées se vendent de 3
francs à 3 francs 50 centimes le quintal (42
kilogrammes).

Les luzernes, dans les terrains secs, durent
quinze à dix-huit ans ; dans les sols humides
de la plaine, ainsi que lorsqu'elles sont sou-
mises à l'irrigation, leur durée ne se prolonge
pas au delà de cinq ou six ans. Dans les terres
vigoureuses de la plaine de Narbonne, c'est
la troisième coupe qu'on affecte à la production de la graine; mais si l'on a affaire à une
luzernière vieille et éclaircie, on préfère garder la seconde coupe comme porte-graine;

ordinairement, on attend les dernières années
de la plante pour lui donner cette destination.
Beaucoup de propriétaires ont aussi recours
à l'*entrelard*. L'entrelard consiste à semer un
mélange d'avoine et de vesces (1 hectolitre
25 litres de vesces et 50 litres d'avoine par
hectare) dans les vieilles luzernes. Dans ce
but, on passe le dental à travers la luzerne
en décembre ou janvier, on répand la semence en février, et on la recouvre par un
coup de dental, donné en sens inverse du
premier labour. Pour couper, on attend que la
vesce soit à demi-grain, c'est-à-dire que les
premières fleurs soient nouées; cette époque
coïncide ordinairement avec la mi-mai. Vesces,
avoine et luzerne sont fauchées et converties
en fourrage sec ou consommées en vert. La
seconde coupe de luzerne est réservée pour
graine; elle est suivie d'un leger regain. La
coupe de l'entrelard rend 4,000 à 5,000 kilogrammes de fourrage par hectare; il n'est pas

rare de retirer 200 fr. de graine sur la même étendue de terrain. Le défrichement de la luzerne s'effectue avec l'araire ordinaire, seulement on y adapte un soc large. Après une luzerne, en prend souvent trois blés consécutifs, suivis encore d'une avoine sans fumure; comment s'étonner, après cela, de l'état stationnaire du sol sous le rapport de la fertilité, quand on voit la culture de la luzerne donner lieu à d'aussi déplorables abus?

VESCES.

La vesce, comme plante fourragère, n'est nullement appréciée dans le département. A peine lui consacre-t-on un ou deux hectares dans les exploitations le plus en progrès; presque tous ne la sèment que pour graine. Deux causes expliqueraient le peu de succès de cette plante dans l'Aude; d'une part, on la sème trop tard, de l'autre, on ne prépare

pas le sol avec assez de soin, et surtout on
ne lui donne pas les engrais qu'elle réclame.
Il en est peu qui fument pour la vesce, sous
prétexte qu'elle se passe fort bien d'engrais;
mais on oublie qu'il faut alors la confier à un
terrain en bon état de fertilité, et que nulle
fumure n'est mieux appliquée qu'aux fourrages.

Les vesces se sèment rarement seules, on
les associe le plus souvent à une certaine
quantité d'avoine. La fin de septembre est
regardée comme l'époque la plus favorable
pour les semailles de cette plante; quand on
la destine à porter graine, on sème tantôt
en décembre, tantôt en janvier et en février.
Le fourrage se fauche en mai, lorsque les premières gousses sont déjà nouées; les vesces
porte-graines se coupent dans les premiers
jours de juillet. On récolte de 18 à 20 hectolitres de graines par hectare. Les vesces

bien cultivées rendraient de grands services dans la plaine de Brame et d'Alzonne, dont le sol consistant leur convient parfaitement; c'est un des meilleurs fourrages qu'on puisse y introduire avec le trèfle et les fèves; elles permettraient d'éloigner le retour du sainfoin qu'on y fait revenir trop souvent, et qui est moins approprié à la nature du terrain.

OLIVIERS.

La culture de l'olivier est presque entièrement concentrée dans l'arrondissement de Narbonne; on en trouve encore quelques vestiges auprès de Limoux et dans certaines communes de l'arrondissement de Carcassonne; mais dans ces deux dernières circonscriptions, ce sont de simples échantillons d'une culture qui tend chaque jour à disparaître; Castelnaudary n'en montre aucune trace.

Les procédés employés pour la culture de
cet arbre dans le département sont les suivants :

Les rejetons, à l'âge de cinq ans, sont bons
à planter. On les étête, lorsque les gelées sont
passées; l'arrachage a lieu dès que les bourgeons commencent à percer l'écorce. Les
trous destinés à recevoir les jeunes plants
ont environ 48 centimètres de profondeur,
ils sont espacés les uns des autres à 10 mètres
en tous sens. La greffe la plus usitée dans le
pays est la greffe en fente. La première année de la plantation, si le temps est à la sécheresse, on arrose une fois tous les mois et,
dans l'intervalle d'un arrosage à l'autre, on
bêche le terrain. On recommande de fumer
les oliviers tous les deux ou trois ans, et de
bêcher soigneusement le pied des arbres. Pendant le cours de la végétation, le sol reçoit
trois labours, le premier en février, le second

à la fin d'avril, et le troisième en juin ou juillet. La cueillette des olives a lieu du 1er au 25 décembre. Chez beaucoup de propriétaires, les oliviers sont taillés tous les deux ans, mais cette taille répétée, loin d'être utile, doit être regardée comme la principale cause des récoltes chanceuses dont on se plaint dans l'Aude. On devrait se borner à retrancher chaque année le bois mort, lorsque l'arbre est bien portant ; une taille trop fréquente n'a d'autre effet que de rendre l'olivier plus sensible aux gelées et de le fatiguer en pure perte.

Le nombre des oliviers a singulièrement diminué depuis vingt ans dans le département de l'Aude ; les hivers rigoureux qui forcent, de temps à autre, à couper les arbres du pied, expliquent le découragement des cultivateurs relativement à cette plante ; il est douteux qu'elle reprenne l'importance qu'elle avait jadis dans le pays.

VIGNES.

La commune de Trèbes forme la limite de la culture de la vigne dans l'arrondissement de Carcassonne ; à partir de ce point jusqu'aux extrémités nord et nord-ouest du département, les vignobles ne sont plus que des exceptions ; au sud de Carcassonne, au contraire, sur quelques points des environs de Limoux, dans la plus grande partie de l'arrondissement de Narbonne, la vigne prime toutes les autres cultures et forme le principal revenu des exploitations rurales.

Les cepages cultivés dans l'Aude sont : la carignane, le pinkarta, le terret-bouret, le terret noir, le piquepoul gris, le piquepoul d'Uzès rouge, la blanquette, les muscats blanc et rouge, la malvoisie, le grenache, le riveyren et l'aramont. Parmi les plus répandus, il

faut citer : 1º la carignane qui, au sud de
Narbonne, forme les 19/20ᵉˢ des vignobles.
Ce plant, extrêmement robuste, est regardé
comme le meilleur pour cette contrée. 2º L'aramont, le plus fécond de tous les cepages, quand
on le place dans de bonnes conditions, c'est-
à-dire dans les sols riches d'alluvion; il s'est
considérablement étendu dans plusieurs parties du département et tend à faire disparaître
les autres variétés, là où il réussit. 3º Le teret
noir. Il fournit un vin coloré, très-propre à la
distillerie, et même un bon vin de table, lorsqu'on lui donne les soins convenables.

La plantation de la vigne s'opère de deux
manières : avec un pal en fer ou avec une charrue à défoncer. Suivant les localités, les ceps
sont espacés tantôt à 1 mètre 50 centimètres en
carré, tantôt à 2 mètres en un sens et 50 centimètres seulement dans l'autre sens; par la
première méthode, on donne deux façons à

la vigne en hiver et deux autres au printemps;
par la seconde méthode, on ne donne qu'un
seul labour en hiver et au printemps. En petite culture, les vignes, plantées de 1 mètre
20 centimètres à 1 mètre 50 centimètres, sont
travaillées exclusivement à la main.

La plantation s'effectue communément en
décembre et janvier. Les vignes de 8 à 10
ans passent pour fournir le meilleur plant.
Pendant la première année, plus on donne
de façons aux jeunes vignes, plus la reprise
est assurée, plus la végétation se montre vigoureuse. En beaucoup d'endroits, la taille
s'opère avec le sécateur; quelques localités
arriérées ont retenu l'usage de la serpe; mais
ce dernier outil perd chaque jour de son
crédit, grâce à l'exemple donné par les propriétaires éclairés. Suivant la force du cep,
on laisse 3, 4 ou 5 coursons; on taille généralement sur deux yeux. Cette opération

s'effectue dans les mois de décembre, janvier
et février, et même jusqu'en mars; mais, dans
certaines expositions tout à fait méridionales,
on regarde cette dernière époque comme trop
reculée. Après les labours faits avec la charrue, on est généralement dans l'usage de travailler le pied des vignes à la main, et d'y ménager une sorte d'entonnoir qui a pour but de
communiquer plus de chaleur aux grappes in-
férieures, de concentrer au pied de la souche
les eaux pluviales, et de préserver les grappes
de l'extrémité du cep de tout contact avec le
sol. Chez M. Charles de Moux le travail de la
charrue est puissamment secondé par un extirpateur houe-à-cheval à dimensions variables,
qui ameublit le sol à 10 centimètres de profondeur, et le purge des mauvaises herbes.
C'est l'instrument le plus énergique que nous
connaissions pour ce genre de récoltes, il opère
avec une célérité et une économie très-remar-
quables; nous en avons donné la description

et la figure en parlant des instruments aratoires du département.

Pendant sa végétation, la vigne est sujette
à être attaquée par l'altise et le gribouri ;
ces deux insectes causent parfois des dégâts
considérables dans les vignobles. Le procédé
recommandé par M. Dunal pour détruire
l'altise, pourrait être suivi avec profit dans
l'Aude. Il consiste : 1° à détruire les haies,
les buissons et les tas de pierres au voisinage des vignes où l'insecte se retire en hiver ;
2° à profiter du moment où les bourgeons de
la vigne sont épanouis, pour faire la chasse
aux altises. On se munit, à cet effet, d'une
espèce d'entonnoir en fer-blanc qui embrasse
le cep et porte un sac à sa partie inférieure ;
en secouant les souches, les insectes tom-
bent dans l'entonnoir et sont précipités dans
le sac ; on les jette ensuite au feu.

Les vendanges commencent, année commune, du 20 au 25 septembre. Les raisins sont coupés par des femmes, des enfants du pays, ou par les populations descendues des montagnes. Les vendangeuses vident leurs paniers dans des comportes; à mesure que celles-ci sont remplies, des hommes les portent au bord de la vigne; là, on les charge sur des chariots et on les conduit au fouloir. On n'égrappe pas. Les vins cuvent pendant quinze ou vingt jours. Beaucoup de propriétaires sont dans l'usage de plâtrer en foulant, afin de donner plus de coloration au vin.

Les crus de Fitou, de Sigean, de la Palme et de Leucate sont les vignobles les plus estimés dans l'arrondissement de Narbonne; la carignane y domine. Année moyenne, ils rendent 50 hectolitres par hectare; la charge de 16 ou 18 veltes (122 ou 135 litres) se vend ordinairement 8 à 10 francs.

L'aramon, placé dans un bon sol, est infiniment plus productif: dans les terres d'alluvion de la plaine de Coursan, il rend quelquefois plus de 200 hectolitres par hectare.

Le marc de raisin, dans les localités où on
ne l'emploie pas à la fabrication du vert-de-
gris ou à la distillerie, sert à nourrir les bêtes
à laine en hiver; on le leur distribue, le soir,
avec de la paille. Deux comportes pesant
75 kilogrammes chacune forment la ration
journalière de 120 bêtes. On conserve le
marc dans des cuves en bois ou en pierre,
en ayant soin de le tenir toujours bien tassé.

Le prix du marc varie avec celui du vin.

La vigne, reléguée dans l'origine sur les
coteaux, où elle était à sa véritable place,
utilisant avec profit des terrains qu'on ne pouvait affecter à la production des fourrages et

des céréales, est descendue depuis longtemps
dans la plaine. Sur beaucoup de points du
département, elle a remplacé les récoltes destinées à l'alimentation de l'homme et à la
nourriture du bétail. C'est donc un empiéte-
ment sur l'agriculture proprement dite, em-
piétement parfaitement justifié, au point de
vue de l'intérêt individuel, par les bénéfices
dont la vigne est l'objet, mais d'autant plus
regrettable, au point de vue de l'intérêt général de l'agriculture, que la vigne consomme
une partie des engrais de l'exploitation sans
rien rendre au sol, et qu'elle absorbe la plupart des bras et des capitaux. L'extension
sans cesse croissante de la culture de la vigne
dans le département de l'Aude, est la conséquence toute naturelle du gain qu'elle procure dans les départements voisins du Gard
et de l'Hérault; c'est aussi la meilleure réponse
à opposer aux doléances exagérées dont la
vigne est si souvent le prétexte.

CHÂTAIGNIER.

D'après quelques vieux arbres échappés à
la destruction, et certains vestiges de plan-
tations qu'on retrouve çà et là, il est hors de
doute qu'il existait autrefois d'importantes
châtaigneraies dans l'Aude; mais il en a été
du châtaignier, du noyer, ainsi que des es-
sences forestières qui couvraient les hauteurs; tout a disparu à l'époque où la fureur
des défrichements s'était emparée de toutes
les têtes. Aujourd'hui, cette ressource précieuse se borne à quelques cultures exceptionnelles, sans importance générale pour le
pays, mais dont il n'est peut-être pas inutile
de dire un mot.

Dans la montagne Noire, le châtaignier
s'exploite en taillis à l'âge de six ans, pour
faire des cerceaux, ou bien à vingt ans, pour

être converti en futailles ou barriques. Dans
le premier cas, les taillis portent le nom de
broutières; dans le second cas, on les nomme
plaussons. Les broutières sont piochées à la
main en hiver, l'année où on les coupe. Elles
donnent de beaux bénéfices, et cependant
leur nombre se fait à peine remarquer dans
un sol qui leur convient éminemment, et
qu'elles occuperaient avec bien plus de profit
que les récoltes chétives et casuelles qu'on a
coutume d'en exiger.

Dans aucune partie du département, le châtaignier ne se cultive pour son fruit. Cet arbre,
considéré comme plante destinée à fournir aux
premiers besoins de l'homme, rendrait de
grands services aux habitants de la haute montagne, réduits, pour toute nourriture, au seigle
et aux pommes de terre : le sol siliceux et le climat froid de la montagne Noire et des Corbières
réclament cette importante amélioration.

BÉTAIL.

Par les détails qui précèdent, on a pu voir
que le département de l'Aude laissait beaucoup à désirer sous le rapport des instruments
aratoires, de la confection des fumiers, des
assolements et de la culture des plantes ; il
nous reste à indiquer la cause première des
souffrances de son agriculture. Cette cause,
pour nous, réside dans l'insuffisance du bétail attaché aux exploitations et dans le peu de
soins dont il est l'objet. Que rencontre-t-on,
en effet, dans presque toutes les métairies
de la plaine ? Quelques bêtes de travail, dont
le nombre est calculé rigoureusement d'après
l'exigence absolue des opérations culturales ;
une ou deux paires de bœufs ou de mules,
rarement un lot de jeunes bêtes de croît. Les
propriétaires éclairés seuls, tiennent un petit
troupeau de bêtes à laine. Quelques cultiva-

teurs ont encore un certain nombre de chevaux camargues ; mais la vie sauvage à laquelle
ces animaux sont abandonnés, et le détestable
régime qu'ils subissent, ne permettent pas de
les compter parmi les animaux qui fertilisent
le domaine ; la plupart du temps, leurs fumiers sont perdus sur des terrains incultes
ou dans les marais à travers lesquels ces chevaux vont chercher leur subsistance. Dans la
montagne, mêmes fautes, si ce n'est pis encore : là, ces animaux, mal nourris, mal soi-
gnés, ont bien de la peine à lutter contre un
climat rigoureux ; en général, ils doivent
traîner leur vie sur de maigres pâturages, et
c'est à peine s'ils ont un peu de paille et de
branchages pour assouvir leur faim à l'étable,
quand la mauvaise saison force à les tenir
renfermés.

Voilà pour la population animale du pays :
pénurie d'engrais, insuffisance des attelages

au moment des plus forts travaux; telles
sont les conséquences directes de cette base
défectueuse.

L'entretien du bétail dans les métairies
pourrait être aussi l'objet d'une critique sévère. Si l'on excepte un petit nombre de
propriétaires, tout à fait exemplaires, chez
lesquels le bétail est bien nourri et bien
tenu, on aura beaucoup de peine à trouver
des étables qui ne soient mal distribuées et
privées d'air et d'espace. Où rencontrer, par
exemple, une étable munie de cheminées
d'appel, laissant une libre circulation à l'air,
et permettant au bétail de reposer sur un sol
carrelé, garni d'une litière fréquemment re-
nouvelée, et écoulant les urines dans une
fosse spéciale placée en dehors des écuries?
Combien pourrait-on citer de cultivateurs qui
rationnent la nourriture journalière du bétail, de manière à rendre les distributions

uniformes ? Quels sont ceux qui ont soin de
varier l'alimentation sèche avec des racines ?
Dans quelles localités l'excellent usage de la
nourriture verte à l'étable est-il en vigueur ?
Qui veille à ce que les animaux ne passent
pas subitement d'un régime d'abondance à
une disette rigoureuse ? Qui donc regarde la
paille comme l'accessoire des fourrages, et
n'en fait pas souvent une nourriture principale, pour ne pas dire unique ? Où prend-on
soin de ne pas livrer trop tôt les bêtes à la
reproduction ? Qui s'inquiète du choix du
mâle ? Enfin, qui songe à donner une nourriture abondante et choisie aux jeunes élèves,
et à ne pas les soumettre au travail avant que
leurs forces ne soient suffisamment dévelop-
pées ? Cette énumération est bien longue ;
elle n'épuiserait pas cependant la série des
reproches qu'on serait en droit d'adresser à
l'immense majorité des cultivateurs dans
l'Aude. On peut l'affirmer sans crainte, l'in-

souciance avec laquelle on traite la branche
la plus importante de la culture, occasionne
seule ces non-valeurs dont on charge injus-
tement le bétail : gains ou pertes, à cet égard,
proviennent de celui qui s'en occupe ou le
néglige ; la faveur dont il jouit dans les pays
où l'agriculture est très-avancée met cette
vérité hors de doute.

Le bétail nourri dans les exploitations rurales de l'Aude appartient à deux catégories :
les bêtes de trait et les animaux de rente ;
la première division comprend les bêtes à
cornes, les mules, les ânes et les chevaux ;
la seconde renferme les bêtes à laine, les
chèvres et les porcs.

BÊTES À CORNES.

Les bêtes à cornes du département de
l'Aude peuvent être rapportées à trois types

distincts : la race de l'Ariége, celle dite du
Gers et la race agenaise.

La race ariégeoise se recrute à Tarascon,
dans l'Ariége; mais elle provient, en réalité,
du Mijanez. Les animaux qu'elle fournit sont
parfaitement caractérisés comme bêtes de
travail. Si leur taille est peu élevée, leur
charpente, en revanche, est très-robuste;
leurs épaules sont larges et fortes; leur poi-
trine offre un développement remarquable.
Elles se distinguent, en outre, par leur pas
très-allongé et leur aptitude à supporter
une température élevée. On les rencontre
plus particulièrement dans les arrondissements de Narbonne et de Carcassonne. Leur
poil est d'un gris noirâtre.

Les races dites du Gers et de l'Agenais
n'existent pures dans aucune localité; la première est généralement préférée pour les

labours et surtout pour les charrois ; l'autre
a l'allure plus lente, les pieds plus mous ;
mais sa taille est plus élevée que dans la race
du Gers; elle est aussi mieux conformée.

A côté de ces races, il en existe une autre
qui, suivant nous, doit être considérée comme
une simple variété de la race du Gers, variété
produite par le climat et le régime auxquels
elle est soumise : c'est celle qu'on désigne
dans le pays sous le nom de race de la montagne Noire. Elle se distingue par la finesse
de ses membres; ses cornes petites, bien
faites et noires à l'extrémité ; ses hanches et
son devant sont fort remarquables; le train
de derrière, par sa faiblesse, est hors de
toute proportion avec la partie antérieure de
l'animal.

En général, on n'élève que dans les localités les plus hautes de la montagne Noire.

Les taureaux employés à la monte sont tirés
de préférence du Gers et du pays Cartrais,
afin de relever la taille des bêtes de la localité ; mais, comme le régime alimentaire ne
répond pas aux besoins des animaux, l'a-
mélioration qu'on se propose n'est atteinte
qu'en partie. Les taureaux commencent leur
service à deux ans; à trois, ils sont bistour-
nés et vendus comme bœufs aux cultivateurs
de la plaine, qui les payent sur le pied de
300 francs la paire. Les vaches sont ordinairement saillies à trois ans ; le veau tette pendant quatre ou cinq mois; après ce temps,
il prend sa principale nourriture au pâturage,
et reçoit seulement un peu de foin et de
paille à l'étable. Toutes les génisses sont gardées ; elles exécutent seules les travaux de la
culture et font tous les charrois de l'exploitation dès qu'elles ont mis bas. Leur nourriture d'hiver consiste en foin et en paille : une
paire de vaches de 3 à 6 ans, prête à mettre

bas, coûte de 3 à 400 francs. Dans la plaine, on se sert de bœufs et de mules pour le service des exploitations. Les bœufs ne commencent guère à labourer qu'à 4 ans; on les emploie d'abord à de légers travaux, tels que ceux des semailles; l'année suivante, ils exécutent labours et charrois. Une paire de bœufs de 5 ans se paye ordinairement de 6 à 800 francs. L'esparcet, les balles de blé, la paille, composent presque partout leur régime alimentaire à l'étable. Dans beaucoup de localités, les animaux vivent principalement du pâturage. En été, les bœufs sont conduits aux champs vers 4 ou 5 heures du matin; ils reviennent à l'étable à 8 ou 10 heures, retournent au travail, ici, à midi, là, à 1 ou 2 heures, et regagnent la métairie à 5 ou 6 heures du soir : on compte ainsi sur huit ou neuf heures *de jointe* dans les beaux jours. Cette proportion n'aurait rien de blâmable si les heures de travail étaient mieux réparties; malheureuse-

ment presque tous les cultivateurs font travailler leurs bœufs par la plus grande ardeur
du jour. Ne vaudrait-il pas mieux ne faire
que deux attelées, l'une, de 4 heures du
matin à 10, et l'autre depuis 3 heures de
l'après-midi jusqu'à 7 heures du soir? Les
animaux resteraient ainsi renfermés pendant
la plus forte chaleur, et, tout en fournissant
la même somme de travail, seraient beaucoup
mieux ménagés. L'hiver, on se contente d'une
seule attelée. Les bœufs travaillent généralement jusqu'à 11 ans; à cet âge, on les revend
maigres 240 francs environ; ils sont dirigés
sur Toulon et conduits à Verdalle (Tarn),
pour être légèrement mis en chair et reven-
dus ensuite à des marchands qui les expédient
sur Montpellier, Nîmes, Marseille et Toulon.

Dans les sols de consistance moyenne, une
paire de bœufs ne laboure pas plus de 12
ares, en premier labour de défrichement;

dans les cultures subséquentes, elle expédie
une vingtaine d'ares par jour.

Les animaux sont ordinairement pansés
deux fois par jour; dans plusieurs parties du
département, on est dans l'excellente habitude de donner aux animaux du farrouch en
fleurs au printemps, ainsi que les têtes vertes
du maïs. L'usage du maïs, cultivé spécialement comme fourrage pour les bêtes à cornes,
ne saurait être trop recommandé.

MULES.

Les mules sont employées, concurremment
avec les bœufs, au service des exploitations
rurales, dans le département de l'Aude. Les
plus belles mules se trouvent dans l'arrondissement de Narbonne. Originaires du Poi-
tou, elles n'arrivent dans le département,
qu'après avoir passé par plusieurs mains; en

général, on les tire du Tarn et de l'Aveyron.
Les mules de forte taille se payent, à 4 ans,
de 800 fr. à 1,000 fr. celles de moyenne
taille se vendent de 500 à 700 fr.

Le régime auquel on les soumet est à peu
près le même partout. Elles font de trois à
quatre repas. On leur donne, chaque fois, du
sainfoin ou de la luzerne mêlé avec de la
paille; quelquefois le repas se compose aussi
d'avoine, surtout quand les mules sont occupées au travail des vignes. La nuit, on leur
donne de la paille à discrétion; l'été, les
bons cultivateurs leur font manger de la dragée en vert. On estime qu'une paire de
mules de moyenne taille, faisant trois repas
par jour, consomme 30 kilogr. de fourrage
par jour, et 6 litres d'avoine. Les mules travaillent huit heures environ par jour, quatre
heures le matin et quatre heures le soir.
On les tond à mi-corps, deux fois par an ,

du 20 septembre au 15 décembre, et du
1er au 25 décembre; la mue a lieu en avril
et mai.

CHEVAUX.

A entendre certains propriétaires, le département de l'Aude posséderait une race
remarquable de chevaux, pour laquelle l'administration ne saurait faire trop de sacrifices. Suivant eux, la race camargue ne serait
pas connue en France, et l'on négligerait
une des plus précieuses ressources pour re-
monter notre cavalerie. Il ne nous appartient
pas d'apprécier ici le mérite ou les défauts
de la race camargue; l'effroyable régime auquel elle résiste dans les conditions les plus
déplorables, prouve assez en faveur de sa
sobriété et de sa rusticité; nous ne saurions,
cependant, nous empêcher de faire remarquer
qu'avec la faible proportion de récoltes four-

ragères admises dans les exploitations en
l'absence presque complète de prairies na-
turelles, et le rendement insignifiant de l'a-
voine, *l'élevage* du cheval est un véritable
contre-sens dans le département de l'Aude;
c'est ce qui explique comment on l'abandonne à d'intrépides enthousiastes, dont le
zèle malheureux lutte en vain contre le bon
sens des cultivateurs qui, depuis longtemps,
ont renoncé à cette industrie ruineuse.

La description abrégée du mode d'élevage,
en vigueur sur certains points du département, justifiera sans doute notre opinion que
le département de l'Aude ne doit pas songer
à l'élevage du cheval, avant que son agriculture ait conquis les améliorations importantes qu'elle réclame; jusque-là, il lui sera
profitable de réserver ses soins pour l'espèce
bovine et les bêtes à laine, producteurs d'engrais bien plus économiques que les chevaux.

La race camargue ne se rencontre guère
que dans les parties marécageuses du département de l'Aude; excepté pendant le temps
de la dépiquaison, les chevaux ne reçoivent
ni foin, ni avoine; ils vivent à l'état sauvage,
sous la conduite d'un gardien, cherchant leur
vie, tantôt sur des terrains salés où croît
une herbe fort rare, tantôt paissant à la nage,
au milieu des marais, les quelques plantes
fourragères qui flottent à la surface. Pendant
les plus mauvais jours de la mauvaise saison,
on se croit quitte envers eux, lorsqu'on leur
a donné, pour unique nourriture, de la paille
et quelques balles de blé. Hiver et été, ils
doivent braver les intempéries de l'atmosphère et ne faire trêve à leur vie nomade
que pour exécuter les rudes travaux de la
dépiquaison. A cette époque, ils sont con-
damnés à être 10 et 12 heures chaque jour
sur l'aire, exposés à un soleil brûlant, et
cela, pendant vingt-cinq et trente jours; il

est vrai on les nourrit alors fortement, mais
là se bornent les soins qu'on en prend. Jamais
ils ne sont pansés ni étrillés, on ne leur jette
même pas une simple couverture sur le dos,
après des journées aussi fatiguantes : il faut
que leur complexion robuste résiste à tout.
On comprend sans peine qu'avec un semblable régime, les chevaux camargues ne brillent
pas par leur taille; rarement ils dépassent
1 mètre 29 cent. Ce n'est que chez un petit
nombre de propriétaires soigneux que, mieux
nourris en hiver et dans les temps de pluie,
ils atteignent une hauteur de 1 mètre 40 cent.
Ces derniers chevaux sont de véritables exceptions dans le pays : et l'on trouve étrange,
après cela, que l'administration des haras ne
prodigue pas ses étalons aux deux cents juments camargues disséminées dans les environs de Narbonne ! Ne devrait-on pas la
féliciter, au contraire, de ne point sacrifier en pure perte ses ressources, là où les

premières conditions de l'élevage n'existent même pas?

Le tableau de la race chevaline n'est guère plus satisfaisant dans les autres parties du département. Dans le Razès, par exemple, les exploitations où l'on dépique au rouleau, nourrissent des chevaux tirés du Rouergue, de la Camargue, ou provenant du pays, tous fort décousus. On fait saillir les juments par des étalons rouleurs, tarés pour la plupart, travaillant toute l'année, et déjà fatigués avant d'avoir commencé la monte; aussi les produits sont-ils fort rares, et ceux qu'on obtient presque toujours mauvais. La jument allaite son poulain pendant six mois; ce dernier est châtré à deux ans. La nourriture à l'écurie consiste en trèfle, luzerne, sainfoin et paille; on donne aussi un peu d'avoine quand les chevaux travaillent; le soir on les envoie paître sur les regains. La petite race du pays vaut, à 5 ans, de 150 à 200 fr. les chevaux de trait se payent depuis 350 jusqu'à 500 fr. mais il en est peu de ce prix.

Carcassonne se trouve à peu près dans les mêmes conditions que l'arrondissement de Limoux, relativement à l'espèce chevaline; la pénurie des fourrages y permet à peine de tenir les bêtes à cornes en bon état, à plus forte raison s'oppose-t-elle à l'élève du cheval, et néanmoins c'est dans cette circonscription qu'on voudrait importer cette industrie : Carcassonne, sous ce rapport, ferait mieux d'imiter l'exemple de Castelnaudary qui ne possède qu'un petit nombre de chevaux, et où l'on regarde, avec raison, la race bovine comme plus importante dans l'état actuel de l'agriculture du département.

ÂNES.

L'arrondissement de Narbonne est celui
qui nourrit le plus grand nombre de ces animaux. Dans cette circonscription, chaque
paysan possède une ânesse, qu'il fait saillir
par le premier baudet venu. L'ânon tette pendant huit ou neuf mois; dès le cinquième
mois, on lui donne un peu de son; il commence à travailler à 2 ans et demi, et vaut
alors 80 à 120 fr. Nul animal n'est traité avec
plus de brutalité par la classe pauvre, à laquelle il rend cependant les plus grands services. C'est à coups de bâton qu'on le dresse
aux différents usages auxquels il est assujetti.
Son principal travail consiste à rentrer la
luzerne, l'esparcet, les pailles, dans des toiles
grossières connues sous le nom de bourra;
il charrie encore les fumiers, de la terre, et
quelquefois aussi des sarments : tous ces

transports s'effectuent au trot. Les balles de
blé forment le fond de la nourriture des
ânes, on y ajoute environ deux litres de son
par jour; l'été, on les fait paître le long des
fossés. Ils travaillent utilement pendant une
quinzaine d'années, malgré le régime barbare
qu'on leur fait subir.

BÊTES DE RENTE.

PORCS.

La race porcine est loin d'être aussi mul-
tipliée qu'elle pourrait l'être dans un pays où
la petite culture domine sur beaucoup de
points et qui compte, dans ses montagnes,
une population pauvre, possédant peu de ressources alimentaires et disposant d'une vaste
étendue de terrain en friche.

Les cultivateurs de la plaine de Carcassonne et de Narbonne ne tiennent pas de porcs; dans l'arrondissement de Castelnaudary et dans la plaine de Brame, chaque métayer a un ou deux porcs de compte à demi avec le propriétaire; matin et soir, les porcs de la même commune se réunissent en troupeau au son de la trompe et vont aux champs sous la conduite d'un gardien; le soir, on les ramène au village, et chacun d'eux regagne son gîte au galop. Jusqu'à l'âge d'un an, leur nourriture principale consiste dans le pâturage. L'engraissement s'opère pendant un temps plus ou moins long, selon qu'on veut faire arriver l'animal à tel ou tel degré de graisse; le son, les fèves, les débris de cuisine, et surtout le maïs sont les aliments le plus généralement employés dans ce but.

On fait peu d'élèves de porcs dans la plaine; cette industrie est réservée à la mon-

tagne Noire. Dans cette localité, la race dominante est la race blanche dite d'Auvergne,
croisée avec la race noire du Lauraguais, animaux caractérisés par des oreilles longues
et pendantes, la tête petite, hauts sur jam-
bes, les membres robustes, le dos arqué, les
quartiers peu développés : ce sont des mar-
cheurs infatigables, mais leur engraissement
est difficile.

La truie porte à un an, et met bas ordinairement six ou huit petits, qu'on sèvre à trois
mois; ceux-ci vont paître chaque jour dans
les prés, les bois et les champs, jusqu'à la
Toussaint. Cette époque arrivée, quel que soit
l'état de l'animal, on le met à l'engrais en lui
donnant d'abord des pommes de terre cuites,
puis des châtaignes crues ou cuites, s'il doit
servir à la consommation du ménage ; quand
il doit être vendu sur le marché, on l'en-
graisse généralement avec des glands, des

pommes de terre et du seigle. Les porcs sont
mis à l'engrais, dans la montagne Noire, à 15
ou 18 mois; à la fin de l'engraissement, ils
pèsent environ 150 kilogrammes, et se vendent alors 90 fr. soit 30 cent. le demi-kilogramme.

Nulle part, dans l'Aude, on ne donne des
fourrages verts aux porcs pendant le jeune
âge; le pâturage dans les bois, les prés, sur
les chaumes et le long des fossés est seul en
usage; un exercice modéré chaque jour et
du trèfle consommé vert seraient un régime
plus profitable, et, en fin de compte, plus
économique.

CHÈVRES.

Si les troupeaux de chèvres sont un fléau
pour les terrains cultivés, et si leur proscrip-
tion est réclamée avec raison dans les pays

riches, où l'on a tout à redouter de leur dent meurtrière, elles sont d'une utilité incontestable dans les garrigues déboisées, où croissent seulement quelques plantes aromatiques mêlées à une herbe fort rare, et où les moutons ne pourraient trouver de quoi vivre pendant un temps, même fort limité. Dans ces solitudes désolées, la chèvre, loin d'être un animal nuisible, rend un double service au cultivateur; il lui procure un bénéfice qui a son importance, et il lui permet d'accroître la masse de ses fumiers, en internant chaque soir le troupeau dans la métairie.

L'arrondissement de Narbonne et quelques localités méridionales de celui de Carcassonne sont les seuls qui nourrissent des troupeaux de chèvres considérables.

Les chèvres mettent bas en novembre; elles donnent ordinairement deux chevreaux par an. On compte 1 bouc pour 40 chèvres. Le chevreau de huit jours se vend 2 fr. 50; à six semaines, il vaut 5 fr. Les troupeaux vivent exclusivement sur les garrigues; le soir, au retour du pâturage, on leur donne à la métairie de la paille et un peu de fourrage; ils sortent par tous les temps. Une bonne chèvre peut fournir, par jour, un demi-litre de lait. Le berger chargé du troupeau reçoit 180 fr. par an; on lui paye, en outre, sa nourriture.

BÊTES À LAINE.

Les bêtes à laine ont été l'objet de soins particuliers de la part de la société d'agriculture du département de l'Aude, sous la présidence aussi habile qu'éclairée de M. Rolland, de Blomac; aussi, ce genre de bétail est-il en progrès réel dans l'arrondissement de Carcassonne, tandis que, dans les autres arrondissements, il laisse considérablement à désirer.

Les procédés d'élevage et les spéculations auxquelles donnent lieu les bêtes à laine, varient suivant les localités.

Dans l'arrondissement de Castelnaudary, à l'exception du troupeau très-amélioré de mérinos de M. Rougé, on ne tient que des bêtes communes et plutôt à l'état de lot qu'à celui de troupeaux. On ne leur consacre aucune culture spéciale; elles doivent trouver leur vie sur les chaumes et le long des fossés. Les béliers vivent pêle-mêle avec les brebis. On vend les agneaux à trois mois, les brebis à huit ans. La tonte à lieu dans la semaine qui précède la Saint-Jean; chaque toison produit 2 kilogrammes de laine vendue ordinairement au prix de 1 fr. 25 à 1 fr. 50 le kilogramme.

Dans certaines métairies, on achète à la foire de Conques, près Carcassonne, ou bien à Alet, près Limoux, le rebut des troupeaux des Corbières, pour être mis à l'engrais. On les revend en chair à la foire de Montréal. L'engraissement s'effectue de compte à demi avec le propriétaire ; il avance l'argent nécessaire pour l'achat des bêtes ; le maître valet est censé les nourrir avec la paille de l'exploitation et l'herbe des champs ; mais, en définitive, c'est avec la ration des bœufs que les moutons sont entretenus : vol manifeste, mais que les propriétaires tolèrent, ne pouvant l'empêcher que par une surveillance assidue à laquelle ils ne veulent pas s'assujettir ; comment, d'ailleurs, l'exerceraient-ils, puisqu'ils résident presque tous loin de leurs domaines ? Dans beaucoup de localités de l'arrondissement de Castelnaudary, la spéculation sur le troupeau de bêtes à laine est l'objet d'une convention particulière entre le propriétaire et le maître valet. Le propriétaire *fournit le pied,* le

19.

croît se partage par égales parts ; le maître valet
répond du cheptel. Il est rare, dans cette circonscription, que les béliers soient séparés
du troupeau ; aussi, compte-t-on beaucoup
de *tardillons*. Les brebis sont gardées jusqu'à
l'âge de six ans; passé ce temps, on s'en défait et on les remplace par de jeunes bêtes.
Les béliers commencent à servir à dix-huit
mois; les brebis portent à deux ans; les
agneaux naissent à Noël et sont sevrés en juin.
La tonte a lieu au commencement de ce mois.
L'espèce du pays, croisée avec les mérinos,
donne 3 kilogrammes de laine. Les troupeaux sont sujets à trois maladies principales :
la *maladie rouge* (pisse-sang) : elle sévit surtout au printemps et après la moisson; le
noir museau, espèces de croûtes qui se montrent sur le nez des agneaux : on les guérit
avec du vinaigre auquel on a mêlé du sel et
de la suie; enfin, le piétain, occasionné principalement par le défaut de litière.

Dans la montagne Noire, les métis de la plaine sont remplacés par des bêtes communes, dont la principale qualité est de résister à un climat fort rude et à la détestable nourriture qu'elles rencontrent. Les troupeaux, en effet, vivent la plupart du temps dans les bois et sur les terrains vagues ; dans les plus mauvais temps, on leur donne de la paille et de la fougère à la bergerie ; les brebis seules reçoivent du foin quand elles nourrissent leurs agneaux. Les troupeaux, dans cette partie du département, sont renouvelés tous les deux ou trois ans, les brebis sont dirigées sur Revel, les moutons sont achetés par des marchands de la Gascogne.

Dans l'arrondissement de Narbonne, beaucoup de troupeaux appartiennent à des bergers qui ne possèdent ni terres, ni maison. L'hiver, ceux-ci louent une étable à un propriétaire et en obtiennent, moyennant l'a-

bandon du fumier, la paille et la litière
nécessaires à leur troupeau. Quand l'hiver
est rigoureux, au point d'obliger à interner
les troupeaux, les bergers sont obligés d'a-
cheter du fourrage, luzerne ou sainfoin, et
souvent aussi des betteraves; l'été, ils font
vivre leurs bêtes le long des chemins, des
canaux, et aux dépens des propriétés qui se
trouvent sur leur passage. Ces bergers, essen-
tiellement maraudeurs, sont regardés comme
une plaie pour la contrée. Ils retirent 3 à
4 francs de chaque toison de laine pesant
2 kilogrammes. Leurs agneaux, vendus de
quatre à six mois et pesant 15 kilogrammes,
poids vivant, leur fournissent un bénéfice
de 10 à 12 francs. Ils se défont de leurs
vieilles brebis de six à huit ans, au prix de
6 francs.

La tenue des troupeaux, dans cette circonscription, est infiniment préférable aux

usages suivis dans l'arrondissement de Castelnaudary.

Les bêtes du pays sont croisées, en général, avec des béliers mérinos, excepté au sud
de Carcassonne, où la race commune domine.
A Sigean, les grands propriétaires partagent
leurs bêtes à laine en plusieurs troupeaux,
d'après l'âge et la force des brebis. Les brebis sont couvertes à trois ans; on compte
1 bélier pour 3o ou 4o brebis; la lutte a
lieu en juin et juillet. Les brebis nourrissent
leurs agneaux jusqu'à la tonte, qui s'effectue dans le courant de mai. Chaque toison
produit 3 ou 4 kilogrammes de laine; le kilogramme se vend, année commune, 7o à
8o cent. L'hiver, on tient les bêtes à la bergerie, et on les y nourrit avec de la paille,
du son et des fourrages; le reste de l'année,
les troupeaux vont paître dans les garrigues
et les terrains salés du bord de la mer. Les

troupeaux ne comptent pas moins de 350 à
400 bêtes; ils n'émigrent pas. Pour leur dépaissance, on sème des luzernes dont on leur
abandonne le regain, ainsi que de l'orge et
du seigle, qu'ils consomment en vert au printemps.

A Durban, la tonte n'a lieu qu'en juin, les
brebis agnèlent en janvier et février ; on les
garde jusqu'à huit ans. A cet âge, elles pèsent
30 à 35 kilogrammes, poids vivant, et sont
vendues sur le pied de 6 à 7 fr. à des marchands nomades qui les conduisent sur les
marchés de Béziers ou de Narbonne. Dans
cette partie des Corbières, les troupeaux restent dehors toute l'année ; quand il fait mauvais, on les abrite dans des bergeries isolées,
construites au milieu des terres, et qui ont
le défaut d'être fort basses et très-étouffées.
Depuis l'automne jusqu'au mois de février,
on fait paître les troupeaux tous les soirs sur

les luzernes et les sainfoins ; après ce mois,
on les conduit sur les jachères. Ils rentrent
chaque soir à la bergerie et y trouvent de la
paille pour passer la nuit ; l'été, on leur sup-
prime toute espèce de nourriture à l'étable.

Comme on le voit, ces procédés, sans être
tout à fait exempts de reproches, témoignent
d'un progrès incontestable apporté depuis un
certain nombre d'années dans la tenue des bêtes
à laine de cette circonscription. L'arrondissement de Narbonne est celui qui a donné le
signal de ces améliorations ; c'est à lui que
revient tout le mérite des sacrifices entrepris
pour faire entrer les cultivateurs dans la bonne
voie. Les troupeaux d'élite de MM. Bonnet,
de Moux et Fonte de Niort, ont été le point
de départ de la régénération de l'espèce in-
digène ; grâces à leurs béliers pur sang mérinos, ils ont doté le département d'une race
métisse, qui tend tous les jours à s'accroître.

C'est que, chez ces habiles éleveurs, rien n'a été négligé pour se créer de bons troupeaux : étables spacieuses et bien aérées, choix sévère des types reproducteurs, fourrages abondants, variés et de bonne qualité; alimentation des mères par les racines, lors de l'agnelage; excellents pâturages réservés aux agneaux après le sevrage; exercice modéré, et surtout bonne direction imprimée aux bergers chargés du troupeau, tels ont été les éléments de leurs succès ; ils offrent les mêmes chances de réussite à ceux qui voudront franchement les imiter.

Dans le canton de Périac (arrondissement de Carcassonne), on tient deux ou trois béliers pour chaque centaine de brebis; on les emploie à la lutte à dix-huit mois. Les brebis ne commencent à porter qu'à deux ans et demi. La monte a lieu généralement en août, quelques cultivateurs, mieux avisés,

font couvrir leurs brebis en juin, afin que les
agneaux aient plus de force à l'époque des
chaleurs ; ils donnent de l'avoine aux béliers
tant que dure la monte, et les séparent des
brebis pendant la nuit. Les meilleurs fourrages sont réservés pour les brebis portières ;
dans les exploitations bien conduites, elles
reçoivent, en outre, chaque jour, en hiver,
une ration de betteraves. Les agneaux sont
sevrés à cinq ou six mois, on les bistourne à
dix-huit mois. Vers cinq ou six ans, on met
les moutons à l'herbe pendant deux ou trois
mois : là, se borne l'engraissement. Les brebis ordinaires du pays valent, à trois ans,
10 à 12 fr. le mouton de quatre ans, non
engraissé, se paye 11 à 12 fr. La tonte s'effectue vers le 15 de mai. Les brebis communes du pays donnent 2 kilogrammes 500
grammes de laine ; le quintal de 42 kilogrammes vaut ordinairement de 50 à 60 fr. ces
ventes, au surplus, n'ont pas de cours dé-

terminé; chaque propriétaire établit son prix
avec le marchand, tout se règle de gré à gré
entre eux. Le quintal (42 kilogrammes) de
laine métisse-mérinos, vaut de 100 à 120 fr.

Les procédés d'élevage suivis à la Grasse
résument assez bien ce qui se pratique à cet
égard dans les Corbières dépendantes de l'arrondissement de Carcassonne. Dans cette localité, béliers et brebis ne sont livrés à la
monte qu'à trois ans : on compte un bélier
pour 40 ou 50 brebis. La lutte terminée, les
béliers sont séparés des brebis; ils ne reçoivent aucun grain pendant le temps de la
lutte, qui dure environ deux mois. Les agneaux
tettent pendant quatre ou cinq mois; on leur
donne les meilleurs pâturages; ils sont vendus de cinq à six mois; agneaux, brebis et
moutons constituent autant de troupeaux
distincts, chacun sous la conduite d'un berger spécial, dont les gages varient suivant l'es-

pèce de bêtes qui lui est confiée. La nourriture principale des bêtes à laine consiste
dans la dépaissance; on ne les nourrit à la bergerie que lorsqu'il y a impossibilité de sortir ; les brebis seules reçoivent en hiver un
supplément de nourriture en paille, fourrages
et betteraves. La tonte a lieu dans la première quinzaine de mai. Les moutons sont
vendus à huit et neuf ans, au prix de 12 à
15 fr. Les brebis, à sept ans, se payent sur le
pied de 5 à 7 fr. Des marchands de Narbonne
viennent les acheter pour les mettre en chair
dans les prairies salées de cet arrondissement.
Le parcage des bêtes à laine n'est usité que
dans un petit nombre de localités du département ; on s'en trouve très-bien, notamment
dans les garrigues de l'arrondissement de
Narbonne.

Arrivé au terme de notre travail sur l'agriculture du département de l'Aude, nous croyons devoir jeter un dernier coup d'œil sur les différents points qui appellent plus particulièrement l'attention du cultivateur et condenser, en peu de mots, les réflexions éparses dans le cours de cet ouvrage : cette dernière observation générale sera, en quelque sorte, le résumé pratique du livre.

Adoption d'instruments de culture perfectionnés : charrues, herses, rouleaux, houe-à-cheval, buttoir, scarificateur - houe-à-cheval de Moux, coupe-racines et hâche-paille.

Assainissement du sol, à l'aide de bons labours, de fossés bien entretenus et de rigoles d'écoulement.

Manipulation soignée des engrais; emploi de la matière fécale; usage des amendements

calcaires partout où le chaulage et le marnage peuvent être employés économiquement.

Amélioration des assolements.

Extension des prairies artificielles et réforme des pratiques vicieuses du fanage.

Extension des récoltes racines, et leur culture à l'aide de la houe-à-cheval et du buttoir.

Hersage des céréales.

Adoption d'un bon système d'irrigation,
partout où l'on a l'eau à sa disposition.

Amélioration du bétail par une meilleure
hygiène, une nourriture plus abondante,
mieux réglée, des accouplements et des croi-
sements judicieux.

Augmentation du bétail de rente.

Adoption des bonnes pratiques forestières pour le reboisement des hauteurs et des terrains en pente : sous ce dernier rapport, prendre exemple sur les beaux travaux de M. Mahul, dans sa terre de Villardonnel, au Mont-Cabardès.

Telles sont, à notre avis, les améliorations principales que réclame l'agriculture du département de l'Aude.

FIN.

TABLE DES MATIÈRES.

Pages.

Préface..................................... I

Topographie , climat....................... 1

Rivières et cours d'eau..................... 11

Routes..................................... 20

Sol.. 21

Instruments aratoires...................... 55

Modes de jouissance du sol................. 75

Étendue et composition des exploitations rurales... 97

Clôtures................................... 102

Constructions rurales...................... 104

Biens communaux, glanage, grappillage........ 108

Ouvriers employés à la culture du sol......... 110

Engrais et amendements..................... 119

Assolemens................................. 136

Culture des plantes........................ 153

Pages.

Céréales. 153

Récoltes-racines. 204

Légumes. 218

Fourrages artificiels. 223

Cultures arborescentes. 252

Bétail. 265

Résumé. 302

FIN DE LA TABLE.

SOUS PRESSE :

LE DÉPARTEMENT DES BOUCHES-DU-RHONE.

Imprimé en France
FROC021651200120
23227FR00020B/245/P